내 삶을 위한 독서 모임

내 삶을 위한 독서 모임

읽고 생각하고 말하는 나의 첫 번째 연습실

김민영 지음

노르웨이숲

프롤로그

삶의 격을 올려주는
독서 모임에 어서 오세요

프리랜서 작가로 살아오면서 저를 지켜준 것들을 꼽으라면 단연 독서 모임과 달리기라고 말합니다. 책이 좋아 시작한 독서 모임과 달리, 달리기는 하기 싫어서 모임을 시작했습니다. 3분 달리기부터 시작해 지금 10킬로미터를 달릴 수 있게 되기까지 9년이 걸렸습니다. 혼자라면 쉽게 그만뒀겠지만, 가끔은 모임에 기대어 버텼습니다. 더 오래, 더 빨리 달리게 되었습니다.

함께 하는 모임은 일시적으로 분비되는 도파민이 아닌, 집중력과 지속력을 키우는 '활동 근력'입니다. 정신과 몸을 동시에 쓰며 감각하고 반응하고 행동하면서 더 강해지는 멋진 근력이지요. 활동 근력을 키우기 위해서 어떤 모임이 좋냐고 묻는다면, 자신의 관심사와 관련된 곳을 찾으라고 권하고 싶습니다. 이 책을 집어 드신 걸 보면, 여러분은 아마 책과 독서에 관심이 많을 것입니다. 이 책을 통해 첫 독서 모임을 시작하게 될지도 모르겠네요. 그리고 곧 '함께'의 매력에 빠져, 또 다른 모임을 알아볼지도 모릅니다. 어떤 주제의 모임이든 좋습니다. 다만, 스마트폰에서 벗어나 뇌와 몸을 함께 쓰게 하는 모임이라면 더 좋겠습니다.

그런 모임에서 활동하다 보면 부족한 재능에 실망하거나 게으름을 자책하거나 다른 사람과 자신을 비교하지 않고, 건강한 내적 자아를 믿고 의지할 수 있는 나로 성장할 수 있습니다. '홀로'보다는 '함께'를 택한 사람들은 모임 후에 자신을 더 아끼게 됐다고 말합니다.

스스로를 돌보는 힘이 커졌다고 합니다. 디지털 디톡스로 이어지는 이 모임들이 더 확산되길 바랍니다. 사람을 중독에서, 고립에서 구하는 것은 결국 사람입니다. 나무만 보던 사람이 숲을 보려면 책 읽기도 좋지만, 사람을 만나야 합니다. 스스로를 돌보는 힘을 키우고 싶다면, 이제 자기 관심사를 중심에 두고 독서 모임을 찾아봅시다. 독서 모임은 페터 비에리가 말한 '삶의 격'이 상승하는 지름길입니다.

> "그러나 자신의 목소리를 찾는 여정에서 중요한 것은 새로운 세계를 만나보는 것에만 있지 않다. 그 세계를 대면했을 때 어떤 감정, 어떤 느낌으로 반응이 오는가를 이해하는 것이 무엇보다 중요하다. 그동안 참된 경험을 방해하던 종래의 습관이나 상투적 생각, 귀에 박힌 진부한 말투 같은 것들은 모두 비우고 자신에게 일어난 반응을 우선으로 쳐야 한다."
> - 페터 비에리, 《삶의 격》(은행나무, 2014) 중에서

독서 모임의 무엇이 '삶의 격'을 높여주는 걸까요. 바로 '밑줄'입니다. 책 속에 있는 작가의 생각 위에 밑줄

을 그으며 나의 생각을 보탤 때 성장이 시작됩니다. 잘되는 독서 모임은 밑줄로 이루어집니다. 내가 소개하는 밑줄, 누군가 들려주는 밑줄이 씨줄과 날줄이 되어 책으로 하는 대화가 완성됩니다. 하소연이나 한풀이보다 밑줄이 바탕이 되는 모임이라면 적어도 수다에 그치진 않습니다. 같은 책을 읽어도 다르게 볼 수 있다는 발견, 한 책에서도 다양한 질문을 할 수 있다는 가능성, 호평 가운데에서도 혹평을 만나는 새로운 경험이 쌓이면 자연스레 문해력이 상승합니다. 책을 읽어내는 나만의 관점이 생기고 그 입장을 정리하는 힘이 생깁니다. 다른 사람도 수긍할 수 있는 논리가 만들어집니다. 책에서 찾을 수 있는 논리, 책에 공감하거나 공감하기 어렵다는 자신의 논리, 다른 의견을 들으면서 쌓는 논리는 점점 커져 설득력과 객관성이 됩니다. 지성의 양분, 표현의 방식이 풍성해지니 말하기에도 자신감이 생깁니다. 자기 생각을 말하려 할 때 몸이 얼어붙고, 머릿속이 하얗게 된다면 독서 모임부터 시작해보세요. 자신의 독해 수준과 관심사, 취향에 맞추어서요. 지속 가능한 독서 모임을 위해서는 재미와 의미 모두 손에 쥘 수 있어야 하니까요. 만약 책을 끝까지 읽고도 무슨 생각을 해야 할지, 무엇을 어떻게 말해야 할지 모르겠다면 더더욱 독서 모임에 가야 합니다. 문해력에 비상등이 켜졌다는 뜻이기 때문입니다.

다행히 독서 모임이라는 연습실은 모두를 향해 활짝 열려 있으니 문을 두드려보세요. 독서 모임, 그 재미있는 문해력 연습을 하다 보면 어느새 부쩍 올라간 '삶의 격'을 발견할 것입니다.

2025년 가을, 김민영

목차

프롤로그 | 삶의 격을 올려주는 독서 모임에 어서 오세요 004

1. 나를 위한 독서 모임, 시작해볼까요
독서 모임의 쓸모와 방법   013

'함께 읽기'를 시작해야 하는 이유	015
맥락을 읽는 내공이 자라고 말하기 울렁증이 치유되는 곳	022
독서 모임의 거울에 비치는 '나'라는 고정관념	030
내향인에게 더 필요해요, 함께 읽는 느슨한 동행	035
내게 맞는 독서 모임, 없다면 직접 만들어보세요	041
우리 모임에 딱 좋은 책을 고르는 법	048
적중률을 더욱 높이는 책 추천의 기술	055

2. 독서 모임을 위한 생각 정리법
정리하고 표현하고, 표현하고 정리하고   061

완벽하게 준비하지 않아도 괜찮아요	063
생각을 놓치지 않는 독서 메모의 기술	072
생각 정리의 초보라면 별점 매기기	078
짜임새 있게 소감 말하기	083
독서력, 논제로 토론할 때 부쩍 자랍니다	088
모임 전 서평 쓰기로 생각 정리하기	100
다른 사람의 말을 듣고 내 의견 덧붙이기	104
책 내용과 내 관점, 감상의 황금 비율을 찾아서	111
나만의 '물음표'로 펼치는 자기 결정적 독서	116

3 | 잘 듣고, 잘 말하는 법
말하기는 실전입니다   121

말을 듣는 나 자신을 보여주면 됩니다	123
더하기 발언의 마법	130
난감한 상황에 활약하는 다정한 거절의 말들	135
모르는 책 이야기가 나오면 어떻게 대처할까요	140
낭독을 잘하고 싶다면	147
찰나의 말할 기회, 이렇게 잡으세요	152
당신의 타고난 목소리로 충분합니다	158
자신감까지 붙잡아주는 호흡의 비밀	163
독후 소감만큼 흥미로운 참여 소감 말하기	169
잘하려는 마음 때문에 말이 점점 두려워지는 당신에게	176
독서 모임, 평가가 아니라 공감을 받는 자리입니다	180

4 | 독서 모임에서 만나는 이런 순간들
민감한 모임 현장, 이럴 땐 이렇게   185

유창하지 못한 말솜씨를 대하는 자세	187
발언 독점이 없도록, 장황한 말 대처법	193
말소리가 잘 들리지 않을 때는 이렇게	198
말실수로 다른 사람과 부딪혔다면	203
다른 의견을 부드럽게 말하는 법	208
책 읽기가 게을러질 때, 독서 모임 돌아보기	212

5 숙련된 독자로 성장하기 위하여
책을 더 깊게, 더 풍부하게 즐기는 방법   219

전작 읽기와 작가 탐구로 내공 업그레이드   221
의견에 구체성을 더해주는 책 속 사건 말하기   226
인물에 초점을 맞추면 생각의 색채가 달라집니다   231
책 한 권으로 온 세상을 맛보는 '배경 읽기'의 묘미   237
책이 입은 옷, 표지와 디자인 바라보기   243
'저는'보다 '작가는'이라고 말할 때   248
출판사가 보인다면 이제는 베테랑 독서가   255
독서 모임 진행자의 말 사전   260

에필로그 | 당신이 독서 모임 진행자라면
멋진 모임을 만드는 진행자의 일상들   265

부록 | 독서 모임 하기 좋은 책 50권   273

나를 위한 독서 모임,
시작해볼까요

독서 모임의 쓸모와 방법

'함께 읽기'를 시작해야 하는 이유

한 대학 강의에서 저는 독서 모임의 쓸모를 말한 적이 있었습니다. 책만 읽지 말고 꼭 독서 모임까지 해보라고 권했습니다. "책은 한 권 한 권의 편견"이라는 인문학자 강창래의 말에 한마디 더 보태 "책은 한 권 한 권의

'잘 정리된' 편견"이라고 말했습니다. 작가라면 누구나 자신의 생각을 잘 정리하기 위해 애를 쓰니까요. 그 결과물이 편견에 그치더라도, 독자에게 가닿기 위해 읽고 고민하고 쓰는 사람들이 작가라는 존재입니다.

그간 여러 권의 책을 쓰며 한 순간도 쉬웠던 적이 없었습니다. 돌아보면, 책 쓰기란 제 경험의 총합이라는 사실을 새삼 깨닫습니다. 저의 독서, 공부, 탐구, 관찰, 상상, 사고, 표현, 묵상, 모든 경험을 모으고 다져 책을 썼습니다. 더 잘 전달하려고, 오해받지 않으려고, 설득력 있게 쓰려고 수없이 고쳤습니다. 지인, 동료, 편집자에게 읽히고 의견을 듣고 고치기를 거듭했습니다. 그럼에도 책이 나오면 아쉽고 부끄러웠습니다. 더 잘 쓰지 못했다는 후회가 밀려왔습니다. 한 권의 책이란 한 작가가 최선을 다해 정리한 생각인 셈입니다. 세상을 바라보는 작가의 관점이며, 편견입니다. 물론, 편견에서 벗어나려 최선을 다해 정리한 편견이라 말해도 좋습니다.

다양한 책을 읽다 보면 다양한 편견을 만나게 됩니다. 독서력을 키우면, 생각의 옥석을 가리는 힘이 생겨 편견의 무게까지 측정할 수 있습니다. 자신만의 바로미터를 세우게 되는 것입니다. 베스트셀러, 저명한 필독서, 백 년 이상 읽혀온 클래식도 비판적으로 읽을 수 있습니다. "왠지 안 읽혔다" "이상하게 책장이 안 넘어갔다"라는 모호한 말로 얼버무리지 않고 "작가의 전작에 비해 이야기 전개 속도가 빠르고, 결말이 급박하게 끝나버려 뒤로 갈수록 캐릭터들이 식상하게 느껴졌다"라고 말하게 됩니다. 자신이 무엇을 원하고, 무엇을 불편하게 느끼는지 알게 되었기 때문입니다. 책을 읽다 보면 자신에 대한 이해가 깊어지고, 스스로를 표현할 언어가 풍성해집니다. 얼버무렸던 언어가 명확해집니다.

 책을 읽어도 남는 게 없는 것 같고, 생각 정리마저 어려울 수 있습니다. 그렇다면 혹 독서 편식 때문은 아닐까요? 그간 쉽게, 재미있게 읽히는 책만 봤다면 말입니다. 독서 편식을 하면 조금만 낯설게 느껴져도 책장이 안 넘어가고 와닿지 않습니다. 편식의 폐해는 생각보다 큽니다. 결국 몸의 균형을 깨트려 건강을 위협하고 마니까요. 독서 편식도 사고의 균형을 깨트립니다. 보고 싶은 것만 보고, 느끼고 싶은 부분만 느끼고 마는, 좁은 시야에 갇힌 사람이 될지도 모릅니다. 그 상태를 벗어나려면 기분 위주의 독서에서 생각 중심의 독서로 나아가야 합니다. 감탄에서 질문으로 가야 할 시점입니다. 그때 독서 모임이 필요합니다.

장뤽 고다르(Jean-Luc Godard, 1930-2022)의 영화〈비브르 사 비(Vivre Sa Vie)〉(1962)에 이런 대사가 나옵니다. "우린 생각을 해야 하고, 생각을 위해선 말을 해야 하고, 소통하려면 말을 해야죠. 그게 인생이고." 생각하기 위해서는 말을 해야 한다는 목소리입니다. 말을 하지 않으면 생각할 수 없다는 뜻이기도 합니다. 그 말들을 모아 누군가와 소통하며, 자신의 인생을 살라는 말입니다. 책 읽기에 그대로 적용해도 좋을 메시지입니다. 책도 말로 정리할 때 비로소 무엇을 어떻게, 왜 그렇게 읽었는지 알게 됩니다. 글로 남겨도 좋지만, 말로 하면 즉각적으로 소통할 수 있습니다. 자신의 생각이 다른 사람에게 어떻게 전달되는지 생생하게 확인하게 됩니다. 그게 가능한 자리가 바로 독서 모임입니다.

책 내용을 따라가기 급급한 사람일수록 독서 모임이 필요합니다. 한마디라도 하려면 충분한 생각이 필요하니, 책 읽는 태도부터 달라집니다. 생각하며 읽기, 읽고 생각하기 습관이 몸에 "착" 붙습니다.

혼자 읽기와 함께 읽기의 차이를 다음 표로 간단히 알 수 있습니다. 보고 싶은 부분에 제한되는가, 넘어서

[혼자 읽기와 함께 읽기의 차이]

구분	패턴	차이
혼자 읽기	내용 파악과 감흥	보고 싶은 부분에 제한된 감상
함께 읽기	내용과 관점 정리	보고 싶은 부분을 넘어선 감상

는가의 차이가 뚜렷합니다. 바로 여기에서 '생각'의 차이가 일어납니다. 혼자 읽기란 혼자 생각하기와 같지만, 함께 읽기란 함께 생각하기입니다. 혼자서는 할 수 없는 더 넓고 깊은 생각으로 가는 길목의 말하기 연습이 바로 '독서 모임'인 것입니다. 독서 모임에서는 혼자만의 생각에 빠지는 패턴과 오류를 수정하고 개선할 수 있습니다. '나는 왜 저렇게 생각하지 못했을까? 나는 왜 놓쳤을까? 나는 왜 당연시했을까?' 무수한 질문들이 생각의 물꼬를 틔워줍니다. 바로 그때에야 늘 해왔던 생각이 아닌 새롭고 확장된 생각이 시작되는 것입니다. 독서 모임은 그 자체로 생각하며 읽기입니다. 모임 전엔 가서 할 말을 생각하고, 모임 중엔 들으면서 말하며 생각하고, 모임 후엔 돌아보며 생각합니다. 이중, 삼중의 사고 정리와 확장이 일어납니다. 아무 생각 없이 훑어보고 덮어버리는 심심풀이형 독서와는 그야말로 차원이 다른 '깊

이 읽기'입니다. 책을 읽어도 남는 게 없다면 독서 모임을 해보시기 바랍니다. 독서 모임 후에도 남는 게 없다는 사람은 없습니다. 오히려 자신의 '언어'를 두둑이 확보하게 됩니다.

독서 모임을 해보면 혼자 읽고 덮어두는 책과 다른 사람들과 생각을 나누는 책이 어떻게 다른지 확연히 구분됩니다. 독서 모임의 말들은 일상의 말과 달리 핵심이 선명하고, 일관된 주제가 담겨 있습니다. 논제가 있는 모임이라면 더욱 일목요연한 말들이 나옵니다. 각 논제에 관한, 논제를 향한 말들이 쌓이며 논의가 깊어지고 넓어집니다. 책의 맥락을 이해하고, 그 맥락을 자기 관점으로 재구성한 말들이 나옵니다. 논제가 있는 모임과 논제 없는 모임은 대화의 깊이에서 차이가 나곤 합니다. 각자 나누고 싶은 논제를 한두 개만 준비해와도 모임 수준이 달라집니다.

독서 모임 경험이 쌓이다 보면, 책을 잘 읽고 생각을 정리하기 위해 계속 모임에 나가야겠다는 확신이 듭니다. 그렇게 조금씩, 읽기만 하던 사람이 말하는 사람이 됩니다. 다양한 사람과 생각을 나누는 독자로 성장합니다. 때로 독서 모임은 글 쓰는 사람으로 가는 통로도 됩니다. 함께 읽고 말하다 보면 쓰고 싶어지고, 기록으로 남겨야겠다는 욕구가 커지기 때문입니다. 혼자 쓰기는 어렵지만, 함께 쓰기는 보다 수월합니다. 독서 모임이 글쓰기 모임으로 이어져도 좋겠지요. 읽고, 쓰고, 말하고, 듣고, 생각하는 능력. 이렇게 다양한 능력을 기를 수 있는 곳이 바로 독서 모임입니다. 어떤가요? 여러분이 지금까지 '혼자 읽기'를 즐겨왔다면, 이제는 '함께 읽기'를 해보고 싶다는 생각이 조금은 들었기를 바랍니다.

맥락을 읽는 내공이 자라고
말하기 울렁증이 치유되는 곳

우리들은 무수한 말을 나누며 살아갑니다. 그런데 어떤 말은 유독 피로감을 몰고 옵니다. 잔물결처럼 일렁이다 결국 파도처럼 몰아치는 피로로 남고 마는 말들입니다. 어떤 말이 그런가 생각해보면 이내 '긴말'이 떠오르죠. 도대체 언제 끝날지 알 수 없는 하염없이 늘어지는 긴말은 피곤합니다. 그러나 긴말도 '꼬인 말'을 이길 수는 없습니다. 이리저리, 요리조리 얽히고설킨 제대로 꼬인 말이요. 이런 말은 다 듣고도 뭘 들었는지가 아리송하죠. 뭔가 반응은 해야겠는데, 대화를 이어가야 하는데 어찌 대응할지 막막합니다. 상대가 무슨 말을 하려 했는지 '맥락'이 잡히지 않아서죠. 그렇다고 대놓고 하고 싶은 말이 뭐냐고, 내가 들은 말이 맞냐고 물을 수도 없습니다. 열심히 말하고 있는 상대의 눈치가 보이니까요. 책처럼 일목요연하게 정리해서 말해주면 좋을 텐데. 귀에 쏙쏙 들어올 텐데. 아쉽게도 '책 같은 말'은 흔치 않아요.

다행히, 독서 모임에 가면 '책 닮은 말'을 들을 수 있습니다. '맥락 있는 말'이요. 책에 관해 말한다는 사실만으로 말은 책에 가까워집니다. 책을 읽고 난 소감에도 맥락이 있습니다. 시작—중간—결말이 생깁니다. "책을 읽기 전에는요, → 읽다 보니까요, → 다 읽고 나니까 이런 책이었어요." 이렇게 최소한의 '말틀'이 절로 생기죠. 누구나 조금은 이런 틀로 말하게 되는데, 책 읽기 전의 기대와 실제 읽은 내용과 결론에 이르는 경험이 바로 책 읽기이기 때문입니다. "이 책을 읽기 전으로 돌아갈 수 없을 것 같아요"라는 고백을 들을 때는 말한 사람을 다시 보게 되지 않나요. "이런 책도 있네, 이런 내용이구나" 하며 덮는 데 그치지 않고 읽기 전과 다른 사람이 되는 경험까지 했다니 놀랍기만 합니다. 그 사람이 어떤 삶을 살아왔는지 듣고 싶어집니다. 어떤 독서 모임의 말은 인생을 압축합니다. 초면인데도, 구구절절 듣지 않았는데도 그 사람이 어떤 인생의 주인공이었는지 단번에 느끼게 하니까요. 책을 딛고 한 말이라 단단합니다. 책 읽은 소감이라 풍성합니다.

독서 모임은 수많은 맥락을 읽어내는 연습이에요. 책의 맥락, 말들의 맥락 안에서 보이지 않는 맥락의 실선들이 이어집니다. 그 선들을 따라가다 보면 책의 가치가 빛나고, 다시 보입니다. 애써서 듣지 않아도, 편안하게 들어도 이해되고 납득되는 말들이 나옵니다. 책을 읽으며, 생각하며, 듣고 말하며 정리되는 생각의 파장은 무한합니다.

물론 그 파장은 사람으로부터 나옵니다. 다섯 명이 모이면, 다섯 배의 파장이 오가기 시작해요. 예상했던 파장과 예상치 못한 파장이 오가며 생각의 진폭이 넓어집니다. 내가 감동한 부분에 밑줄 그은 사람들이 나타나면 감동이 배가됩니다. 깨달음도 배가되고요. 내가 왜 감동했는지 명확히 이해되기 시작하면, 논리가 붙은 말이 나오기 시작합니다. 하고 싶은 말이 늘어나고, 말에 조리가 생기지요. 어렴풋이 느끼던 감동에 정확한 주소가 생긴 느낌이랄까요. '내 생각'이라는 작은 맥락이 시작되는 순간입니다. 그럴 땐, 재빨리 말하는 요령이 조금은 필요합니다. 말할까 말까 망설이다 보면, 모처럼 떠오른 주소도 뿌옇게 변하니까요. 원래 하려던 말이 무엇이었는지 잊어버리니까요. 죽이 되든 밥이 되든 내 맥락에 밑줄 긋는 말은 손부터 들고 말해보세요. 말을 하다 보면 없던 맥락도 붙고 두터워지는 법이니까요.

소설가 앤 라모트가 《쓰기의 감각》(웅진지식하우스, 2018)에서 한 말처럼 '형편없는 초고'를 시작하는 습관을 만들어봅시다. 횡설수설 늘어놓는 말하기라도 우선 해보는 거예요. 감동이 분명해지고, 생각에 확신이 붙는 그 타이밍을 놓치지 말고요.

"저도 그 부분이 인상 깊어서 밑줄을 그었는데요. 토론하다 보니 밑줄 그은 이유가 생각나서 보태고 싶어서요. 저자는 가난한 아이들은 어떻게 어른이 되는지 그 과정을 곁에서 보고 대안을 내놓는데, 공감은 가면서도 현실성이 떨어지는 것 같아요. 정말 아이들에게 무한정 시간을 주고 '멍 때리는' 시간을 보내게 해주면 이 문제들이 해결될지 모르겠어요. 아이들 키우는 학부모 입장에서 무기력해졌어요. 입시 제도가 바뀌지 않는 한 내가 뭘 할 수 있을까."

시작부터 마무리까지, 자기 견해라는 맥락이 담긴 발언입니다. '대안'이라는 책의 한 맥락을 짚은 말이에요. '어떤 말들이 오가고 있는지' 토론의 맥락까지 읽은 말입니다. 혼자 읽을 때는 깨닫지 못하는 생각의 발견 아닌가요. 혼자 읽기만 할 때는 어떤지 생각의 흐름을 한번 볼까요.

'취재한 사람으로서 잘 썼네, 생생하게 썼네, 나는 왜 이런 아이들에게 관심을 가지지 않았지, 앞으로는 관심을 더 가져야겠어, 책도 잘 읽히네, 그런데 뒤로 갈수록 몰입이 잘 안되네. 나만 그런 건가? 끝.'

생각이 더 나아가지 않습니다. 책의 내외면, 이면의 맥락을 읽어내려는 고민까진 닿지 못해요. 그저 이런 내용이었구나, 끝까지 읽은 것을 만족하는 정도로 그치게 됩니다. 책을 읽어도 생각이 깊어졌거나, 사고가 확장되었다는 느낌은 적죠. 그럴 때 독서 모임이 필요합니다. 혼자서는 만들기 힘든, 닿기 어려운 맥락을 긋고 짓고 쌓는 말하기가 긴급합니다.

하지만 남들 앞에서 말하려고 하면 울렁증이 올 정도로 두려움에 사로잡히는 사람들이 있습니다. 세상 모든 울렁증은 경험 부족에서 옵니다. 해본 적이 없어서, 해봤는데 잘 안되었기에 두려워진 상태가 바로 울렁증입니다. 누구나 각자의 울렁증을 안고 살아갑니다. 잘해보고 싶었는데 뜻대로 되지 않았던 기억 때문에 하려던 것을 중단하거나, 이내 멀어집니다. 충분한 경험이 쌓일 때까지 버티는 시간을 가지지 못한 채로 말입니다. 연습량을 늘릴 수 있는 연습실부터 찾아보면 어떨까요. 능숙해지는 것이 아니라 그저 '익숙'해질 때까지 재미있게 연습할 공간이 필요합니다. 여러분의 울렁증이 '말하기 울렁증'이라면 더욱 그렇습니다.

저는 말하기 울렁증을 해결할 연습실로 독서 모임

을 추천합니다. 말하기에 대한 긴장감이 높을수록 잘해야 한다는 부담을 느낄 테니 독서 모임이라는 편안한 분위기의 말하기 연습실을 찾아보는 건 어떨까요. 책은 좋아하지만 말하기는 서툴다면 더욱 권합니다. 듣다 보면 말하게 되고, 들으면서도 생각이 정리되고, 말할 거리가 늘어나니 생각하기도 말하기도 자신감이 붙습니다. 횡설수설, 중구난방 흩어지던 말들이 정리되어 핵심과 요지가 보입니다. 잘 듣고, 잘 정리하고, 잘 설명하는 사람이 됩니다.

무언가에 대한 부담은 '부족하다'는 두려움에서 옵니다. 재능도 연습도 부족하니 긴장이 밀려옵니다. 대화에서 타이밍을 놓치고, 말하는 순서가 와도 얼버무리게 되면 어떨까요. 나중에야 할 말이 떠오르고 왜 그렇게 말했을까 후회가 된다면요. 아쉬움은 긴장으로, 긴장은 부담으로, 부담은 두려움으로, 두려움은 회피로 이어질 수 있습니다. 점점 말수 적은 사람이 되어버립니다. 말하기보다는 듣는 쪽의 입장이 됩니다. 잘 듣는 차분한 사람처럼 보이지만 실은 할 말을 하지 못하는 상황이 반복되는 것이죠.

독서 모임은 이런 고민을 확실하게 해결해주는 말

하기 연습실입니다. 어떤 모임에서든 '책'에 관한 대화를 나누니, '책'이라는 할 말이 생깁니다. 책의 표지가 마음에 든다거나, 작가 이력이 굉장하다거나, 86페이지가 인상 깊었다거나 하는 말들을 하면 왠지 뿌듯해집니다. 수다가 아닌 '내용' 있는 말, 생각이 정리된 말을 했다는 생각에 자신감이 차오르기 시작합니다. 할 말이 떠오르지 않을 땐 밑줄 친 부분을 참고해 풀어가면 되니 긴장감이 줄어듭니다. 책의 모든 부분이 말할 거리입니다. 쓸 거리가 없어 글쓰기가 어려운 사람처럼, 무엇을 말해야 할지 몰라 고민이라면 '독서 모임'에서 듣고 말하는 연습을 해보세요. 좋아하는 밑줄 하나를 자신의 관점으로 3분 이상 설명할 수 있는 힘이 생깁니다. 간결하고, 분명하게 말이죠.

맥락을 읽는 힘을 키워주고 말하기 울렁증까지 치유해주는 독서 모임. 자, 독서 모임을 본격적으로 시작해보고 싶지 않나요?

독서 모임의 거울에 비치는
'나'라는 고정관념

"오늘은 좀 들으러 왔어요." 이렇게 인사를 건네게 되는 독서 모임도 있습니다. 사실 독서 모임에 가서 사람들의 말을 듣기만 해도 좋습니다. 튼실한 책 내용이 대화의 중심이기에 시간이 아깝다는 생각이 전혀 들지 않습니다. 책이라는 근거를 딛고 이야기하는 모임이니 '재미와 의미' 모두 자연히 충실해집니다. 가끔 곁가지 수다로 흐르더라도 언제든 책으로 돌아올 수 있습니다. 분명한 논제를 공유하고 진행자의 도움을 받아 책 중심의 대화를 이어나간다면요. 물론, 독서 모임의 방식은 다양하니 정답은 없답니다.

독서 모임은 책을 읽다 놓친 부분을 발견하고, 읽은 내용을 되새기며, 같은 부분을 다르게 볼 뿐 아니라 새로운 생각까지 만나는 '경청의 시간'입니다. "들으러 왔어요" "듣다 가도 되나요?" "듣기만 해도 좋네요"라는 말이 절로 나오곤 합니다. 집중해서 듣는 것은 독서 모임의 기본입니다. 듣기란 '말의 뿌리'이기 때문입니다. 잘 들어야 잘 말할 수 있습니다. 자칫 잘못 듣거나, 듣고 싶은 부분만 듣다 보면 대화의 흐름에서 벗어나 하고 싶은 말만 하게 되니 일단 나를 활짝 열고 듣는 것이 중요합니다. 뿌리가 튼튼한 말을 하기 위해서요.

혹시 그런 경험 있으신가요? 독서 모임에 갈 때만 해도 별생각이 없었는데, 듣다 보니 할 말이 떠오른 적이요. 저는 꽤 많았습니다. 좀 어려운 책을 읽은 날은 '그냥 듣다 와야지' 싶었는데, 듣다 보니 또 할 말이 생각났습니다. 무질서하게 시작한 말도 차츰 질서가 잡히더라고요. 읽기만 할 때는 눈치 채지 못한 내 생각의 요점도 보이고요. 그제야 '내가 책을 이렇게 읽었구나' 하고 알게 되니 함께 읽기의 힘을 실감했습니다. 혼자 읽을 땐 '재미있다, 잘 읽힌다, 감동적이다, 잘 썼네'와 같은 '기분의 언어'가 주로 남는데요. 함께 토론하면 '사례가 어떻다, 구성이 어떻다, 문체가 어떻다, 결론이 어떻다, 책 표지가 어떻다' 같은 '이성의 언어'가 늘어났습니다. 나무만 보다, 숲이 보이니 점차 시야가 넓어집니다.

내가 세상을 볼 때 무엇을 중점적으로 보고, 어떤 상황을 당연시하는지까지도 독서 모임을 통해서 깨달을 수 있습니다. 나도 모르게 굳게 믿고 있던 가치들이 의식의 수면 위로 떠오르니 티는 못 내지만 충격을 받기도 했습니다. 스스로가 대견해 보이는 날도 있었지만, 내 고정관념이나 편견이 고스란히 느껴져 뜨끔할 때가 많았던 거죠.

서머싯 몸의 장편소설《달과 6펜스》(민음사, 2000)를 읽는 독서 모임이었습니다. 좋아하는 그림을 그리겠다고 가정을 떠난 주인공 스트릭랜드의 여러 태도가 불편했다며, 이기적이다, 잔인하다, 감정이 마비되었다는 등의 의견이 나왔습니다. 한쪽에선 전혀 다른 생각이 나왔습니다. 스트릭랜드 주변 사람들이 이상했지, 그는 자신의 삶에 충실했다는 입장이었습니다. 같은 책을 매우 다르게 볼 수 있다는 사실을 생생하게 목격한 경험이었습니다. 저는 "스트릭랜드가 그를 돌봐주던 스트로브의 가정을 깬 가정 파괴범이 아닌가?"란 의견에 내심 놀랐습니다. 나는 왜 그렇게 보지 않았는가를 한참 생각했습니다. 제겐 스트로브와 블란치가 더 이기적인 인물이었지만, 어떤 사람에겐 스트릭랜드야말로 이기주의의 끝판왕이었던 것입니다. 결코 옳고 그르고의 문제가 아니었습니다. 어떤 부분을 어떻게, 어째서 다르게 보는지를 스스로 이해하고 설명하는 과정이 왜 필요한지 배운 것입니다. 그 모임에서 우리는 서로의 고정관념과 편견이 무엇인지 서서히 느끼고 있었습니다. 그날은 오늘 이야기로 자신을 돌아보게 되었다는 소감이 많았습니다.

　이처럼 독서 모임은 자신을 비추는 거울이며, 관찰자입니다. 마치 M. B. 고프스타인의 그림책 《할머니의 저녁 식사》(창비, 2021)에서 할머니를 바라봐주던 '노란 창고'처럼 독서 모임은 늘 저를 바라보고 있습니다. 나와 닮은, 나와 다른 누군가의 목소리가 들립니다. 과거의, 현재의, 미래의 나를 만납니다. 내가 지녀온 윤리적 태도가 어땠는지가 보여 부끄러워지기도 합니다. 누군가 불편하게 보았다는 부분을 나는 왜 그냥 지나쳤는지 되묻습니다. 또 나는 불편했는데 왜 다른 사람들은 그럴 수 있다고 생각했는지 묻습니다. 어디에도 정답은 없기에 대화가 필요합니다.

책을 읽은 후에는 타인과 대화를 하고 소통해야 한다는 사실을 깨달은 후 저는 독서 모임 이전으로 돌아갈 수 없었습니다. 홀로 읽기가 내 방이라면, 함께 읽기는 광장이었습니다. 책을 좋아하는 사람이 세상으로 나가는 첫 번째 문이 바로 독서 모임입니다. 책은 홀로 읽어도 좋지만, 함께 읽으면 더 좋아집니다. 독서 모임을 통해 경청의 기술을 갈고닦는 것은 물론, 만나게 되는 다른 생각들을 사고의 거울로 삼아 자신을 성찰할 수 있는 기회를 얻을 수도 있습니다. 함께 읽기의 힘에 기대어 한 권 두 권 완독해보세요. 일단 한 달에 한 번 정도로 모임을 시작하고, 6개월을 지속해보는 겁니다.

내향인에게 더 필요해요,
함께 읽는 느슨한 동행

저는 '따로 또 같이 여행'을 좋아합니다. 함께 떠나더라도 각자의 방식으로 즐기는 느슨한 여행이죠. 교토로 떠난 가족 여행에서였습니다. 많이 걷고 싶은 저와 숙소 주변 산책만으로도 좋은 동생은 따로 다녔습니다. 부모

님은 저처럼 많이 걸어 다니기를 원해 저와 동행하셨습니다. 그러던 중에도 저는 혼자 짬을 내어 깃사텐(きっさてん, 커피·홍차 등 음료나 가벼운 식사를 파는 일본식 찻집)에 다녀왔습니다. 함께 하는 여행이어도, 부모님과 잠시 떨어지는 틈이 필요했거든요. 느슨한 동행이었습니다. 서로가 서로에게 지치지 않고, 실망하지 않고, 상처주지 않는 여행이려면 느슨해야 합니다. 동행에도 적절한 거리가 필요한 법입니다.

    제가 독서 모임을 좋아하는 이유는 독서 모임 또한 느슨한 동행이기 때문입니다. 사생활보다 책이 만남의 중심이니 서로 너무 가깝지 않아 좋습니다. 그 느슨함을 지키려면 약간의 요령은 필요합니다. 예를 들어 질병과 돌봄에 관한 책을 읽는 모임에서 각자의 간병담이 나오기 시작하면 책으로 돌아오기 어려울 수 있습니다. 안타까운 일화와 고통에 관한 이야기가 이어지면 다시 책에 대해 말하기가 왠지 어색해집니다. 언제나 삶은 책보다 무겁고 중요하게 느껴지니까요. 대화의 흐름을 끊는 것 같아 책에 대한 말도 아끼게 됩니다. 이런 분위기가 계속된다면 책이 중심인 느슨한 동행이 어려워지겠죠. 그보다는 책이 말하는 질병, 저자가 짚는 돌봄에 대한 논의가 중점이 되면 좋을 텐데요. 이때 밑줄은 느슨한 동행의 감각을 일깨우는 유용한 도구가 됩니다. 읽으며 그었던 밑줄을 바탕 삼아 생각을 보태는 식으로 페이지를 짚으며 말해보면, 사적인 경험으로 향하던 흐름이 다시 책으로 돌아옵니다.

이런 식이면 내 이야기를 하다가도 책 안으로 들어가게 되니 책을 딛고 말하는 셈입니다. 책 덕분에 너무 빠르게 친해지지 않아 서로에게 예의를 갖출 수 있습니다. 왠지 조금은 긴장감이 있고 적당한 거리가 있는 사이랄까요. 저는 그런 독서 모임이 좋습니다. 완독률과 출석률을 유지하려면 그런 느슨한 거리를 유지해야 합니다. 서로 필요 이상 친해지면 책을 안 읽고 오는 사람이나 결석자가 늘어나고, 책 밖으로 흘러가는 수다도 막을 길이 없습니다. 말을 끊으면 미안해질 정도로 친밀한 사이가 되어버리지 않도록 거리를 둡니다. 서로에게 기대하고 실망하지 않도록, 오래 볼 수 있도록 적당한 거리를 두는 것입니다. 적당히 느슨한 독서 모임의 운영 비결이라면 세 가지 정도가 떠오릅니다.

하나, 뒤풀이보다 독서 토론을 중심으로 운영한다.

둘, 개인사보다 책 중심의 토론 분위기를 이끈다.
셋, 모임의 균형을 잡아주는 진행자를 배치한다.

가볍게 차를 마시거나 식사를 하는 자리도 문제가 될까요? 물론 가끔은 괜찮습니다. 자연스럽게 만들어진 자리라면요. 하지만 그 자리에 못 가는 사람들이 생기고, 모인 이들끼리 더 친근한 사이가 된다면 모임에 부작용이 생길 수 있습니다. "시간 되는 사람들끼리"라는 전제는 시간이 안 되는 사람은 제외된다는 암묵적인 '선'이기도 합니다. 모임에서 왠지 자신만 못 어울린다거나, 폐를 끼치고 있다는 생각에 빠지는 사람이 생기면 곤란합니다. 차라리 모두 조금은 어색한 채로 모임을 이어가는 편이 낫습니다. 긴장과 예의는 독서 모임의 자양분이 되기도 하니까요.

제가 독서 모임 후 뒤풀이를 잘 하지 않는 또 다른 이유는 힘 비축이 필요하기 때문입니다. 책을 좋아하는 사람이라면 개인주의자일 가능성이 높습니다. 자기만의 시간, 책 읽는 시간이 매우 필요한 사람들입니다. 그들은 관계나 일로 시간 뺏기는 것을 싫어합니다. 보다 의미 있는 대화를 나누고 싶은 욕구가 크기에 독서 모임에 가는 것입니다. 독서 모임은 스스로를 소심하거나, 내향적이라고 느끼는 이들이 최대로 할 수 있는 사교 활동이 아닌가 합니다. 그런 사람들이니 모임 후에는 홀로 생각을 정리하고, 에너지를 충전할 시간이 필요합니다. 독서 모임은 좋지만 뒤풀이는 힘든 사람도 있습니다.

제가 그런 사람인데요. 두 시간쯤 독서 모임을 하면 혼자 있고 싶어집니다. 힘 비축이 필요한 시점입니다. 모임의 여운이 일상의 대화로 휘발될까 조심하게 된다면 지나치게 소심한 걸까요. 기억이 휘발되기 전에 기록으로 남기고, 차분히 혼자 생각을 정리하고 싶어집니다. 저는 뒤풀이 자리에는 가지 못한다는 말을 달고 삽니다. 가끔은 단호하다는 말도 듣는데요. 제 꿈은 "다정하게 단호한 사람"으로 살아가는 것입니다. 앞으로도 지금처럼 다정하게 거절하는, 다정한 단호함이 몸에 밴 사람으로 독서 모임에 나가고 싶습니다. 물론, 할머니가 되어서도 말이죠.

제가 가장 잘 지내야 하는 존재는 남이 아닌 '나' 자신입니다. 나와 잘 지내야 타인과의 관계도 원만해집니다. 방전된 상태로 누군가와 잘 지내기는 참 어려운 일이니까요. 나를 충전하는 시간을 충분히 가져야 독서 모임을 지속시킬 수 있습니다. 내 시간과 에너지를 침범하는 독서 모임이라면 부대껴서 그만두고 싶어지니 힘 비축과 힘 조절이 필요합니다. 친해지기까지 시간이 좀 걸리더라도 오래 보는 느슨한 독서 모임이 좋습니다. 정보와 관계의 홍수 속에 사는 우리는 독서 모임에서 느슨한 관계의 쓸모를 배울 수 있습니다. 이 책을 들고 독서 모임에 나갈 독자 여러분을 상상합니다. 여러분이 느낀 느슨한 독서 모임의 이야기를 들을 날을 기다려봅니다.

내게 맞는 독서 모임,
없다면 직접 만들어보세요

여러분은 어떤 독서 모임에 관심이 가나요? 우선순위를 표시해보세요.

☐ 오래가는 독서 모임

☐ 출석률이 높은 독서 모임

☐ 완독률이 높은 독서 모임

☐ 적극적으로 토론이 되는 독서 모임

☐ 다양한 사람들이 나오는 독서 모임

☐ 다양한 책을 읽을 수 있는 독서 모임

☐ 토론 논제와 진행자가 있는 독서 모임

☐ 기타

내게 잘 맞는 모임을 찾는다면 위에서 표시한 우선순위를 생각해보세요. 내 욕구에 대한 이해가 선명해집니다. 제가 독서 모임에서 종종 하는 설문인데, 모임마다 다른 결과가 나옵니다. 어떤 도서관에서 만난 모임은 거의 전원이 '적극적으로 토론이 되는 모임'이 중요하다고 말했습니다. 왜 그런가 물으니, 이런 말이 나오더군요. 책을 읽고 오긴 하지만, 몇 명만 열심히 말하고 듣는 사람은 늘 듣는 분위기라고요. 조금 더 적극적으로 토론이 되면 좋은데 논제도 진행자도 없어서, 마치 연극처럼 말하는 사람과 듣는 사람이 정해져 있는 것 같다고요. 속사정이야 알 수 없지만, 회원들은 수긍하는 눈빛을 보냈습니다. 저 말을 한 분은 그 모임의 운영자였어요. 자신도 다른 의견을 듣고 싶은데, 회원들이 말을 잘 안 하다 보니 자기 말만 길어진다는 것입니다. 회원들은 부끄러운 미소를 보였습니다. 그중 한 분이 이런 고백을 꺼냈습니다.

"아무래도 책 읽은 지 얼마 안됐다 보니, 말하기보다는 듣는 편이 익숙한 것 같아요…"

이 말에 운영자는 미간을 찌푸렸습니다. '그게 이유가 되나, 아무 말이나 하면 되지 꼭 책을 많이 읽어야 하나?'라는 듯 답답하다는 표정을 보이더군요. 여러분, 어떤가요. 이 모임에 가장 필요한 것은 무엇일까요? 제가 볼 땐 의사소통입니다. 운영자와 회원 간의 격 없는 대화, 자연스러운 의사소통이 필요해 보였습니다. 때론 책 읽기, 독서 토론보다 소통이 먼저 필요한 모임도 있습니다. 어쩐지 운영자의 눈치를 보는 것 같은 회원들, 혼자만 말하는 것 같다며 분통을 터뜨리는 운영자 사이엔 보이지 않는 벽이 놓인 것 같았습니다. 어쩌면 '적극적으로 토론이 일어나는 독서 모임'이란 유연한 의사소통을 기반으로 하는 모임이 아닐까 합니다.

내게 잘 맞는 독서 모임이 뭔지 막연하다면, 위 항목을 두고 추가로 자기 생각을 메모해봐도 좋습니다. 목록에 없는 형태의 모임이 떠오른다면 더더욱 메모합시다. 찾아봐도 적당한 독서 모임이 없는 것 같을 땐, 직접 만들어보는 것도 경험입니다. 회원이 잘 모이지 않거나 운영에 어려움을 겪더라도, 운영자로서 정확히, 끝까지, 다양하게 읽을 기회를 얻을 수 있습니다. 모임을 기획하고, 시작하는 방법이라면 그리 복잡하지 않습니다. 다음 같은 양식으로 원하는 독서 모임의 형태를 최소한으로나마 구상해보는 것입니다.

- 모임명 :
- 모임 부제(책 부제처럼/모임 성격이 드러나야 함) :
- 모임 의도(배경) :
- 운영 방법 : 예) 자유롭게 읽은 생각을 나눔 또는 간단한 논제를 중심으로 토론함 등.
- 참가비 : 예) 없음, 1만 원, 2만 원, 간식비 및 공간 사용료가 포함된 회비.
- 운영 시간 :
- 일시 :
- 운영자 :

여기에 보태면 좋을 항목이 있다면 '추천 대상'입니다. "이런 분이라면 이 모임이 필요합니다"와 같은 조건입니다. 누구나 참여하게 할 것인지, 또는 관심사가 분명한 사람들이 오기를 기대하는지에 따라 추천 대상은 달라지겠죠. 예를 들면 최근, 제주에 문을 연 북 카페 '일큐팔사 1Q84'(제주시 애월읍 일주서로 6254-16)라는 공간에 다녀왔습니다. 바로 감이 오는 독자도 있겠죠? 그렇습니다. 무라카미 하루키 장편소설 《1Q84》(문학동네, 2009)가 카페 이름입니다. 카페 사장님이 무라카미 하루키의 열혈 팬으로, 서점이 아닌 북 카페로 운영 중이었는데요. 책장을 보니 사장님의 관심사와 취향이 한눈에 보였습니다. 출판사와 판형이 여러 번 바뀌면서 새로 나왔던 하루키의 책들이 한데 모여 있었습니다. 저나 독자 여러분도 한 권쯤은 있을 책들이었지만 새롭고 다르게 보였습니다. 처음 보는 판형들이었거든요. 같은 책이 새로 나올 때마다 모으는 수집광의 열정으로 가득한 카페였습니다. 만약 이곳에서 독서 모임을 한다면 추천 대상을 이렇게 써보면 좋겠죠?

- 무라카미 하루키를 좋아하는 분

- 무라카미 하루키에 관심 있는 분
- 무라카미 하루키를 알고 싶은 분
- 무라카미 하루키를 좋아하는 사람들이 궁금한 분
- 무라카미 하루키를 좋아하는 카페 사장이 궁금한 분
- 하루키 외 다양한 소설, 만화가 가득한 북 카페가 궁금한 분

추천 대상은 '접점'이라고 보시면 됩니다. '공통분모' '교집합'이기도 하죠. 닮은 부분입니다. 마치 블랙홀처럼 관심 있는 사람들을 끌어들이는, 회원을 모집할 수 있는 가능성이기도 합니다. 내게 맞는 독서 모임을 찾아봤지만 발견하지 못했다면 이런 점들을 부각시켜 직접 기획해보세요. 주변에서 운영되고 있는 독서 모임들을 참고하면 도움이 됩니다. 우선 도서관 홈페이지에서 모임을 기획하는 데 아이디어를 얻을 수도 있습니다. 도서관에서 운영 중인 다양한 독서회 소개와 그 모임에서 회원을 모집한다는 공지를 볼 수 있으니까요. 만약 홈페이지에 없으면 전화를 걸어 물어보세요. 도서관 사서의 안내를 들을 수 있습니다. 인근 책방에서 독서 모임을 하는지도 알아보세요. SNS의 해시태그 검색을 추천합니

다. 독서 모임을 직접 기획하고 운영한다고 하면 거창해 보일지 모르지만, 이 점만 기억한다면 무리 없이 해낼 수 있습니다. 아주 작게, 소소하게 시작하고 꾸준히 하기. 저는 언제나 '강도'보다 '빈도'의 철학을 중시합니다. 여러분의 독서 모임도 그렇게 찾아지고, 만들어지고, 돌보아지기를 바랍니다.

우리 모임에 딱 좋은
책을 고르는 법

만장일치로 칭송받는 책은 없습니다. 적어도 독서 모임에서는 그렇습니다. 유명 문학상 수상작, 고전, 베스트셀러, 스테디셀러, 유명인 추천 책… "이게 바로 좋은 책"이라는 어떤 수식 앞에서도 독서 모임은 꼿꼿하죠.

"저는 이 책 별로네요"라는 말을 해도 좋은 자리라 그런 걸까요. 다양한 의견이 나오면 오히려 환영받습니다. "좋게 본 분들이 많은데, 저는 그렇지 않았어요"라는 말을 하러 나가는 자리가 독서 모임일지도 모릅니다. 그런 말은 좀처럼 할 기회도, 들을 사람도 없잖아요. 독서 모임에선 모두 귀를 기울여주니 실컷 해봅시다.

오래도록 독서 모임을 해왔지만 만장일치로 호평을 받은 책은 기억에 없습니다. 이 모임에서 박수갈채를 받은 책도 다른 모임에선 비판적으로 읽혔고요. 왜 이런 책이 베스트셀러인지 모르겠다며 미간을 좁히는 참가자들이 나올 때면 더 귀를 기울입니다. 고민 끝에 꺼낸 이야기일 수 있기 때문이에요. 간단해 보이는 의견도 누군가에겐 꺼내기 어려운 말이며, 한 줌의 용기가 필요한 순간일지도 모르니까요. 전국 곳곳에 특강을 다니면서 많은 독서 모임을 만납니다. 자연스레 꽤 알려진 책에 대한 평균치랄지, 독자들의 평점이 담긴 통계 바구니를 만들게 됩니다. 대략 이 책은 어떤 평가를 받는 책이군, 이런 감이 생기는 것이죠.

책들도 그저 하나의 시각일 뿐 정답은 없습니다. 그러니 독서 모임에서 책 고르기는 늘 어려운 숙제입니다. 이번에 택한 책이 만장일치로 호평받기를 기대해서만은 아닙니다. 자칫 외면당하는 책이 아닐까, 미움받지는 않을까 걱정되어 책 추천을 주저하게 됩니다. 나는 재미있게 읽었는데 다른 사람에겐 그렇지 않을까 조심하게 되는 것이죠. 그래서일까요. "다음 달 함께 읽을 책 추천해주세요." 공지를 올려도 추천하는 이는 정해져 있습니다. 마치 기다렸다는 듯, 늘상 "이 책 함께 읽어요!"라며 추천 책을 올리는 회원들이지요. 자신이 읽어보거나 토론을 해본 책도 아닌데도 기꺼이 올립니다. 읽지 못한 책, 즉 정체를 알 수 없는 책도 주저 없이 올리고 보는 이 회원들은 '추천 DNA'라도 타고난 것 같습니다. 이와 달리 침묵을 고수하는 분들도 있습니다. "저는 재미있었지만 다른 분들은 어떨지 몰라서요…"라고 하듯 추천에 좀처럼 나서지 않고, 조금 부담스러워합니다. 아무래도 '추천 DNA'가 부족한 사람들은 추천받기를 바라고, 좋은 추천을 기다리나 봅니다. 무슨 책이든 다양하게 읽어보고 싶다고만 하고요.

    그럴 때 운영자는 고민에 빠집니다. 늘 같은 사람이 추천하는 분위기가 되어버리면 어쩌죠? 추천의 폭을 넓히려면, 우리 모임에 잘 맞는 책을 고르려면 어떻게 해야 할까요. 회원들의 관심사에만 맞춰야 할지, 낯설더라도 다양한 책을 선정해야 할지, 추천 채널을 어떻게 넓혀야 할지 고민에 빠집니다. 그럴 때 이런 방법들을 활용해보세요.

하나, (신생 모임은 제외) 그간 토론했던 책 목록과 반응을 정리해봅니다. 회원들이 좋아하고, 토론도 잘됐던 책들을 추려보세요. 출석률도 좋았는지 떠올려보세요. 반면, 만족도도 낮고 토론도 잘되지 않고 결석률이 높았던 책은 또 무엇이었는지 정리해봅니다. 그 차이를 비교해 모임에 꼭 맞는 맞춤형 책의 특징을 세 가지 정도로 좁히세요. 예를 들어 ◉인생의 통찰이 담긴 에세이형 책 ◉고전문학 소설 ◉예술 관련 교양서적 이렇게 세 방향으로 좁혔다면 그런 책 중 자신이 관심 있게 본 책으로 조금씩 범위를 좁혀보면 어떨까요.

둘, 이제 시작된 신생 독서 모임이라면, 먼저 회원들의 관심사를 파악하는 '대화'부터 해보세요. 어떤 독서 모임을 하고 싶은지까지 이야기해보면 좋아요. 처음엔 쑥스러워하겠지만 점점 말문을 열게 될 것입니다. 말할 기회를 찾고 있었던 사람들처럼 말입니다. 서로의 관심사가 하나둘 모이다 보면 "우리 이런 책부터 읽어요,

이런 책도 읽어보면 좋겠어요"라는 말들이 절로 쌓이게 됩니다. 그러다 누군가 책 제목을 말하기 시작합니다. 이어 "저도 읽어보고 싶던 책이에요"라는 말이 나옵니다. 그러면 복잡하지도, 까다롭지도 않게 자연스레 읽을 책들이 정해집니다. 신생 독서 모임의 강점이랄까요. 일단 시작하는 게 중요하니까, 함께 읽다 보면 갈피가 잡히니까 어려울 것도 복잡할 것도 없습니다. 먼저 해야 할 일은 대화라는 점만 기억하자고요.

셋, 중견 독서 모임의 경우. 수년간, 꽤 오랫동안 이어져온 독서 모임이라면 책 선정이 쉽지 않을 때가 생깁니다. 어쩐지 읽을 책은 다 읽은 것 같은 기분. 일명 '고인 물'이라 불리는 오래된 회원들이 많아 눈치가 보일 수도 있어요. 그들이 있어 든든하기도 하지만, 독서 모임이 신규 회원 없이 늘 보던 사람들끼리의 수다에 그친다면, 이젠 완독률도 출석률도 떨어진다면 위기감이 느껴지지 않을까요? 물론 지금 방식으로 만족하는 사람도 있겠지만 문제는 의욕을 잃어버린 회원들입니다. 이럴 때는 다시 생기를 불어넣어야 해요. 사람에게 기분 전환이 필요하듯, 모임에도 기분 전환은 필요합니다. 독립 출판 작가 임효경의 책《살기 위해 기분 전환》(전환,

2022)에서는 삶을 돌보기 위한 기분 전환의 경험들을 소개하고 있습니다. 짧은 산책, 사진 찍기, 글쓰기처럼 일상적인 기분 전환이 자신의 삶을 어떻게 살려냈는지를 말하는 책입니다. 모임에도 기분 전환이 있어야 정체기를 슬기롭게 극복하고, 결석률을 낮출 수 있어요. 방법은 간단합니다. 먼저 책 선정하는 방식에 변화를 줍니다. 지금까지 했던 방식이 아닌, 새로운 방식으로 해보세요. 어색함을 느끼더라도 일단 해봅니다. 그때 얻는 경험도 독서 모임의 실력이 되어 성장으로 이어집니다. 아무것도 하지 않고 하던 대로 하는 것보다는, 무엇이든 하나라도 변화를 주는 것이 중요합니다. 작은 변화만으로도 모임은 살아납니다.

다음으로 모임 초기에 읽었던 책들을 다시 살펴보고 최근 독서 모임이나 다른 곳에서 접할 수 없었던 책을 골라봅니다. 우리 모임의 스테디셀러 찾기인 셈이죠. 최근 몇 년 사이에 모임에 들어온 회원은 접해보지 않은, 토론 반응도 좋았던 책들로 골라봅시다. '재추천'이라고 할까요. '했던 책 다시 하기' '읽은 책 다시 보기' 프로젝트라고 할 수 있죠. 독서 모임 경력이 오래된 사람은 잊어버린 책을 다시 봐서, 새로운 참가자는 접해볼 수 있어서 좋은 그런 책들. 의외로 그런 책들을 다시 찾을 때 모임의 결속률이 올라가고 만족감이 상승해요. 좋은 책은 빛바랜 벽지가 아닙니다. 언제든 새롭게 읽히고 토론되어야 할 불변의 목록이지요. 마치 강에서 모래를 체로 쳐서 사금을 채취하듯, 몇 년에 한 번은 '다시 토론하면 좋을 책 목록'을 두둑이 챙겨봅시다. 모임이 쓰고 있는 온라인 플랫폼에 파일로 정리해두어도 좋아요. 이 책 마지막에 부록으로 제가 추천하는 도서 목록을 소개합니다. 50권의 책을 정리했으니 우리 모임에 맞는 책 고르기를 위해 활용해보세요.

적중률을 더욱 높이는 책 추천의 기술

독서 모임을 만나면 그 모임 구성원들에게 다음에 읽을 책을 어떻게 결정하는지를 자주 묻습니다. 예상 외로 다양한 답이 나옵니다. "돌아가며 읽고 싶은 책을 추천해요"가 가장 많이 듣는 답인데, 그럼 저는 다시 묻곤 합니다. "무슨 책이든요?" 어떤 이유로, 왜 추천하는지 묻지도 따지지도 않고, 그저 순서가 오면 추천하는 대로 읽어본다니 뭔가 석연치 않습니다. 다양한 책을 읽자는 취지라면 언제나 만장일치라는 걸까요, 읽지 않은 책이 많으니 뭐든 환영한다는 분위기라는 걸까요. 만약 추천받아 읽은 책이 모임과 맞지 않는다면, 말하자면 '적중률'이 매우 떨어져 회원들의 불만이 일어난다면 상황을 어떻게 수습할까요.

> "왜 이 책을 추천하셨는지 궁금하더군요. 저는 별로 와닿지가 않아서."
> "저 혼자라면 읽지 않았을 책인데, 책장이 너무 안 넘어가서 괴로웠어요."
> "솔직히 시간 낭비하는 것 같은 기분이었어요. 제가 요즘 너무 일에 쫓겨서 그런지."
> "앞뒤가 맞지 않는 주장, 했던 이야기를 뒤에서 또 반복하는 것이 마음에 들지 않아요."
> "베스트셀러는 역시 나와 맞지 않는구나, 그 사실을 또 확인한 거죠."

만약 이 중 한두 개의 반응만 나오더라도 추천자는 짐을 싸고 싶어질지도 모릅니다. '다시는 책 추천을 하지 말자, 모임에서 나갈까' 등등 오만 생각에 사로잡힐지도 몰라요. 물론 책을 재미있게 읽었다는 사람도 있겠지만 아무래도 추천자에겐 '불만 고객'이 크게 다가오는 법이죠. "역시 추천은 어렵구나. 나는 추천과는 맞지 않는 사람이야"라며 후회막심할지도 모릅니다.

속으로는 저렇게 생각하면서도 겉으로는 "읽어봐서 좋았다, 혼자는 읽지 않을 책이니 좋은 기회였다"라며 쓴웃음으로 얼버무리고 넘어가는 모임도 있을 수 있습니다. 부정적인 반응을 보이면 왠지 추천자가 미안해할 것 같기도 하니 말이지요. 아무래도 '좋은 게 좋은 거니까' 하면서 서로를 배려하고 눈치를 보다 보면 솔직한 감상은 꺼내지 못합니다. 문제는 속 시원한 이야기가 나오지 않아서 한둘이라도 난색을 표하면 그 사람은 분위기를 흐리는 사람이 되어버린다는 사실입니다. 솔직히 말하고 싶어도 부정적인 사람, 속이 꼬인 사람처럼 보이면 어떡하나 고민하게 되는 경우가 있죠. 엇비슷한 생각이 오가는 중인데 자기가 찬물을 끼얹는 격이 될까 싶어서요.

책 추천이 쉽다고 생각하면 오산입니다. 베테랑급 독서 모임 운영자, 독서 모임을 해본 중견 회원 정도라면 적중률도 어느 정도 높겠지만 지금까지 책을 혼자 읽어온 사람이라면 다음 책 추천이 망설여집니다. 어떻게 책 추천을 해야 불만이 적고, 모임에 도움이 될까요. 다음에 읽을 책은 이렇게 골라보면 좀 더 수월할 겁니다.

하나. 하나의 콘셉트로 밀고 나가기. 정한 분야 안에서만 추천 받고 결정합니다. 예) 고전문학 분야, 그림책 분야 등

둘. 공통 검수제. 후보작들을 모임 구성원 전원이 검수합니다. 일정 기간 함께 후보작을 둘러보고 결정합니다. 실제로는 운영자가 가장 열심히 살펴보겠지만요.

셋. 추천 이유 발표제. 책을 추천하는 이유를 200자가량 제출하는 문화를 만들어갑니다. 단 다음 이유들은 제외시키고요. '읽어보고 싶어서' '궁금해서' '사놓았던 책이라' 등입니다.

독서 모임이 꾸준히 이어지려면 이런 최소 원칙이 있으면 좋습니다. 너무 단호한가요? 회원들이 부담스러워서 그만두면 어쩌나, 추천이 나오지 않으면 어쩌나 초조해할 필요는 없습니다. 일단 부딪혀보면 방법을 찾게

되어 있습니다. 모든 독서 모임은 경험이거나 과정입니다. 독서 모임은 경험을 딛고 경험합니다.

'초간단' 책 정하는 방법을 묻는다면 다음 같은 묘안들도 있습니다. 너무 쉽게 해결하는 것 같아 이래도 되나 의심이 된다면, 회원들이 각자 겪어봤던 모임에서의 선정 방법을 반영해서 운영해봐도 좋아요. 그 경험을 기록하고 나누는 과정 또한 의미 있으니까요.

1) 유사한 독서 모임을 찾고, 그 모임에서 읽고 토론한 도서나 목록을 참고한다.
2) 각 도서관의 홈페이지에 접속해서 독서 모임 정보를 참고한다.
3) 독서 모임에 관한 책 내용을 살펴보고 추천 책 목록을 참고한다.

이렇게 추린 목록을 만들 땐 다음 페이지 표처럼 양식을 정해서 회원들과 공유합니다. 이 정도까지만 해도 꽤 열심히 하는 운영자 아닌가요?

[우리 모임의 추천 도서 양식]

추천 도서명/작가명/출판사/출간연도	추천 이유	우려되는 점	참고한 자료

독서 모임을 이어나가는 데 도움이 될 최소한의 배경 자료를 정리해 공유하는 것입니다. 처음엔 좀 번거롭더라도 습관이 되면 회원들도 가볍게 쓸 수 있게 됩니다. 자신의 취향만으로 그야말로 끌리는 대로 책을 고르는 것이 아니라, 추천한 이유가 정리되어 있는 도서 목록을 갖춘다면 그야말로 모임의 '비빌 언덕'이 되지 않을까요. 결정을 위해 회원들과 대화를 해야겠지만 전원이 참석하지 못하는 날도 있으니, 그럴 경우 온라인에서 간단한 투표 과정을 거쳐도 좋습니다. "이런 책들이 있는데 어떤 책이 좋을까요"라고 묻는 거죠. 적어도 일주일 정도는 각자 알아보고 고민할 수 있도록 투표 페이지를 열어두면 조금은 더 여유롭게 고를 수 있습니다.

독서 모임을 위한
생각 정리법

정리하고 표현하고, 표현하고 정리하고

완벽하게 준비하지 않아도 괜찮아요

독서 모임에 가는 이유 중 하나는 말하기 위해서입니다. 물론 절반의 듣기와 동행하는 말하기죠. 어떤 말을 하게 될지는 알 수 없습니다. 할 말을 처음부터 끝까지 미리 생각해 말할 준비를 하고 모임에 오는 사람은 거의 없으니까요. 물론, 저 역시 그렇습니다. 대개 유일한 준비로 책 읽기를 하지요. 그런데 때론 어떻게 진행될지 전혀 감을 잡을 수 없는 독서 모임도 있습니다. 혹한의 바람이 불던 겨울, 한 독서 모임에 초대를 받아 나갔습니다. 운영자는 방대한 양의 철학 책을 함께 읽자고 했습니다. 모여서 읽으면 되니 미리 책을 읽지 않고 와도 된다고 들었고요. 책이 너무 어려워 보여 가서 읽을 수나 있을까 싶었지만, 경험해보자는 마음으로 나간 것입니다. 초면에 빙 둘러앉아 있으려니 조금은 어색했지만 각자 읽을 '장'을 고르고 읽기에 착수하니 금세 시간이 흘렀습니다. 문제는 제가 고른 부분을 읽는데, 전혀 이해가 안 되는 것입니다. 눈에 들어온 지식이 눈을 깜빡이면 그대로 사라져버리는 판국이었습니다. 책장은 넘어가는데 머리에 남는 건 전혀 없는 카오스와 같은 상황이었달까요. 마감 시간이 다가오는 시계만 멀뚱히 바라보고 있었습니다. 그런 판에 각자 읽은 내용을 말하는 순서까지 있어 머리가 띵해졌습니다. 제가 무슨 말을 했는지 전혀 기억나지 않고, 들은 말도 떠오르지 않았습니다. 내내 긴장 상태로 앉아 있다 어색한 표정으로 돌아와버렸어요. 그런 모임에서는 말하기보다 어떻게 읽을 것인지가가 더 중요한 문제라는 배움을 얻었으니 나쁜 경험은 아니었지만요.

어떤 말하기는 책 읽기와 매우 긴밀히 연결되어 있습니다. 그거야 당연한 것 아니냐고 되물을 수 있겠지만, 그렇지 않습니다. 어떤 경우에는 책을 읽는 것과 책에 대해 말하는 것이 그렇게 긴밀히 연결된 느낌을 주지 않을 수도 있습니다. 영화감독 김지운은 이런 말을 했습니다. "사람들이 진짜 하고 싶은 말과 막상 입에서 나온 말이 다르다." 김 감독은 "말은 저렇게 하지만 저 사람이 하고 싶은 말은 뭘까? 이런 것들. 내뱉는 말의 그 이면을 많이 생각했다"라고 책 《JOBS-FILM DIRECTOR(잡스-영화감독)》(REFERENCE BY B, 2025)에서 밝혔습니다. 무슨 말일까요? 독서 모임의 말하기에는 책 읽기라는 이면이 있습니다. 다음 예시를 보면서 김 감독의 말을 다시 생각해봅시다. 책 읽기라는 이면에 따라 말하기가 어떻게 이루어지는지 말이에요.

    1) 즐겨 읽는 책 분야에 관한 말하기
    2) 다 읽지 않았지만, 재미있었던 책에 관한 말하기
    3) 전혀 모르는 분야이거나, 너무 어렵게 읽은 책에 관

한 말하기

1번의 말하기는 책 읽기 자체와 그렇게 긴밀히 연결된 느낌은 아닙니다. 이 경우 어떻게 하면 좋을지 잠시 궁리해볼까요. 즐겨 읽는 분야의 책이었다면 그 분야와 관련된 이야기가 자연스럽게 나옵니다. '내가 이렇게 말을 많이 했던 사람인가' 싶을 정도로 길어질 수 있으니 주의해야 할 정도입니다. 사실 내가 어떤 책을 좋아하는지, 즐겨 읽는 분야가 있는지 말할 기회도 묻는 사람도 평소에는 거의 없지요. 그러니 소중한 기회라는 생각에 말이 절로 풀립니다. 열정적으로 보일 수도 있지만, 과하다는 인상을 주기도 하니 말의 양을 조절해야 합니다. 과식보다는 소식이 좋다는 걸 기억하며 약간 덜 말해봅니다. 그러고서 좀 부족하다는 느낌이 들었다면 다시 말할 기회를 얻으면 되니까요.

2번은 읽기 자체와 말하기가 좀 더 긴밀한 경우입니다. 이때 말하기는 약간의 긴장을 안고 갑니다. 책에서 재미있는 부분은 있었지만, 제대로 읽은 건지 의심이 갈 수도 있습니다. 스스로를 믿지 못할 때, 자신감이 떨어질 때는 자기 검열이 시작됩니다. "잘 읽어보지 못한 책이에요"라는 말을 끌고 들어가기 일쑤죠. 하지만 많은 고민을 할 필요가 있을까요? 그저 어떤 재미를 느꼈는지만 말하면 됩니다. 자신이 기대한 재미가 무엇이고, 어떤 재미를 이 책에서 느꼈는지 말하다 보면 생각이 정리됩니다. 에둘러 말하거나, 서론이 길어지지 않도록 주의만 하면 됩니다.

 3번은 어떨까요? 실제 그 책 읽기가 말하기와 아주 밀접한 경우죠. 이때는 읽기가 충분하지 못했다면 겉돌다 말아버리는, 겉핥기식 말하기만 반복하게 됩니다. 전혀 모르는 분야인 데다 어렵게 읽었으니 상태가 어떤가요? '소화불량.' 지금은 체한 상태입니다. 책이 가슴께에 얹혀서 내려가지 않는 상황. 약을 먹는 응급처치가 필요합니다. 어떤 약이냐고요? '잘 듣기.' 신나게 읽었거나, 감동적으로 봤거나, 하고 싶은 말이 많은 사람들이 말하도록 돕니다. 그들이 실컷 말할 수 있도록 경청하는 것 또한 좋은 토론 태도입니다. 인내심을 발휘해서 책을 비난하거나, 자책하는 말을 반복하지 않는 연습을 해봅니다. 토론 후에 다시 읽으면 소화가 잘되는 책으로 바뀌어 있을 수도 있으니까요.

 아무튼, 결석은 조심하세요. '잘 듣기' 약을 먹으려

면 독서 모임에 나가야죠. 다음 세 가지 마음이 여러분을 걸려 넘어지게 하는 문턱이 되더라도요.

첫째, "책 내용을 모르니 무식해 보일 거야."
둘째, "사정을 말해도 핑계처럼 보일 거야."
셋째, "책을 안 읽었으니 게을러 보일 거야."

횡설수설하는 모습을 보일 바에야 안 나가는 게 낫다고 생각해버리면 바로 결석으로 이어집니다. 그 한 번의 결석이 두세 번, 서너 번으로 이어지죠. 그러니 소화불량 상태라도 모임에 나가봅시다. 경청 연습 차 나간다고 생각하는 겁니다. 모임을 마친 후에 책을 읽어도 좋으니까요!

그런 마음으로 참석했더라도, 첫째 문턱에 걸려 넘어지면 말문이 막히기도 하죠. 그렇더라도 책의 인상을 말할 수는 있습니다. 바로 '본 대로' 말하기죠. 너무 깊은 생각을 말해야겠다는 부담은 접어두고, 그저 본 대로 가볍게 말해보는 겁니다. "저는 이 책이 왜 유명한지 잘 모르겠더라고요. 그다지 와닿는 부분도 없고, 남는 게 없달까. 한국 소설을 꽤 보는 편인데도 밋밋해서 좀 지루했어요." 그저 책의 인상을 본 대로만 말해도 이 정도 의견은 말할 수 있습니다. 그런데 유명세를 탄 작품을 별로라고 말할 용기가 나지 않고, 수준 없는 사람으로 보일까 두려워 너무 눈치를 보면 되려 역효과가 납니다. "················" (고개를 끄덕이거나 듣기만 한다.) "저도 비슷한 것 같아요." "저도 비슷하게 본 것 같아요." (단답형에 그친다.) 본 대로 말하기에 실패하는 것이죠.

둘째 문턱에 걸리는 상황은 조금 다릅니다. 솔직히 말한다면 이렇게 나옵니다. "평소 베스트셀러엔 손이 가지 않는데, 이번 책도 별로였어요. 했던 얘기를 반복하고, 흐지부지 마무리되는 게 마음에 들지 않더라고요." 그런데, 핑계처럼 보일까 조심하다 보면 이런 방향으로 가게 됩니다. "제가 급히 읽어서 그런지 와닿진 않아서요. 오늘 열심히 듣고 보면 더 보이지 않을까 해요." 또다시 본 대로 말하기 실패.

셋째 문턱에 걸리면 말이 장황해집니다. 오래전에 공지된 책을 제대로 읽지 못했다는 자책감은 '게으름'을 향한 자기 비난으로 이어집니다. 사실을 있는 대로 말하면 이렇습니다. "금방 읽을 줄 알았는데 시간이 꽤 걸리더라고요. 책이 재미있어서 왜 진작 시작하지 못했나 후회했어요." 하지만 남들이 나를 게으르게 볼까 두려운 마음이 들기 시작하면 말은 구구절절 장황해집니다. 은연중에 변명조가 되어버립니다. 못 읽은 자의 변론이 시작됩니다. "제가 요즘 정신이 없어서, 사실 책을 어제 빌렸어요. 동네 도서관에 분명히 있는 줄 알았는데 없어서 상호대차를 신청했는데, 보존서가 책이라면서 3일이 돼도 책이 안 오는 거예요. 어제야 책을 받아서 정신없이 읽다 보니 뭘 읽는지도 모르겠고, 또 시아버지가 병원에 계신데…"

끝도 없지요. 책을 못 읽었거나, 소화불량이거나, 상황이 좋지 않거나 어느 쪽이든 다 설명을 해야 할 것 같으니 이렇게 장황해집니다

본 대로 말하기는 얼마나 어려운가요. 어린이들이 잘하는 본 대로 말하기에 어른은 취약합니다. 이렇게 말해도, 저렇게 말해도 좀처럼 마음에 들지 않아 자기 검열의 덫에 걸려버립니다. 모임 구성원들에게 폐를 끼쳤다는 생각이 들거나, 평가받는다는 생각에 사로잡힙니다. 본 대로, 본 만큼 말하려면 반드시 긴 시간이 필요한 것은 아니에요. 완벽한 독해와 훌륭한 경청이 필수 요건도 아닙니다. 그저 평소에 '본 대로 말하기' 습관을 가지

려 노력해보세요. 잘 말하기 위해서 읽는다는 생각을 해 보는 것도 나쁘지 않습니다. 적어도 산으로 들로 바다로 광활하게 뻗어나가는 말이 아닌, 책을 중심으로 한 말로 돌아올 수 있습니다. 표현에 구속되고 얽매이지 않는다면, 무엇을 어떻게 말할 것인가를 고민하는 것도 연습이며 과정입니다. 느슨하게 책장만 설렁설렁 넘기다 막상 모임에 가면 뭘 어떻게 말해야 할지 몰라 서성이다 돌아와버리는 게 고민이라면, 우선 '본 대로 말하기'를 연습해보세요.

독서 모임에서 말할 준비는 완벽하지 않아도 괜찮습니다. 네다섯 단어라도 메모를 하거나, 말하고 싶은 부분에 밑줄을 치거나 페이지 귀퉁이를 접어두는 정도는 어떨까요. 미니 요약, 감상기를 써 가는 것도 방법입니다. 그냥 메모지에 손으로 써도 됩니다. 나만 알아보는 악필이면 어떤가요. 그런 부담 없는 준비도 독자로서의 최소 입장, 최소 견해만은 말할 수 있게 도와줄 겁니다. 말이 완벽하지 않아도 괜찮습니다. 독서 모임에 나갔다는 사실이 가장 중요하니까요.

생각을 놓치지 않는
독서 메모의 기술

기억력이 약한 저는 학창 시절에 암기 과목이 싫었습니다. 돌아서면 잊고, 다시 보면 새롭기만 했으니 암기 과목 시간엔 늘 긴장했습니다. 혹시라도 선생님이 "지난 시간에 배웠지?"라고 물으실까 봐 침을 꼴깍꼴깍 삼키기도 했어요. 기억력이 필요한 순간은 시험 말고도 많더군요. 저는 잊었는데 상대는 정확히 기억하고 있는 상황이 올 때면 여전히 작아집니다. 분명 허투루 들은 건 아닌데 말이죠. 그렇다고 남과 하는 대화를 다 적어놓을 수도 없으니 참 곤란합니다. 외국어 배우기를 좋아하는데 역시 암기력이 부족하니 참 속도가 안 납니다. 몇 년을 공부해도 제자리인 것 같아요. 하지만 그렇다고 포기하는 성미는 아니라서, 꾸준히 외국어 공부를 계속하고는 있지만요.

책이나 영화에 대해 말할 때도 곤란하기는 마찬가지입니다. 볼 땐 좋은데 생각이 잘 안 나요. 만약 제가 모임에서 진행을 맡았다고 하면 두 번, 세 번은 읽고 가니 시간도 많이 듭니다. 혹시라도 "그 부분이 정확히 어디였죠?" 하는 질문을 받을까 봐, 여러 번 봤다는 사실은 비밀로 합니다. 책에 대한 제 생각은 잘 말하는데 세세한 내용이나 부분은 잘 떠오르지 않아요. 그런 상태로도 독서 모임, 영화 모임은 늘 즐겁습니다. 기억한 만큼 말하고 듣는 즐거움이 크니까요.

영화 〈스틸 앨리스〉의 주인공 앨리스(줄리앤 무어)는 50대 초반에 희귀성 알츠하이머라는 진단을 받고 기억을 서서히 잃어버리는 학자인데요. 저도 앨리스처럼 모든 기억이 희미해진다면 어떤 감정으로 살게 될까 생각한 적이 있습니다. 그 순간 독서 모임을 가장 먼저 떠올렸어요. 책을 읽기는 하는데 생각이 나질 않으면 어쩌지. 그렇게 된다 해도 저를 받아주는 독서 모임이 있으면 가서 듣기만 해도 되냐고 청해봐야겠어요.

그나마 다행인 건 제 허약한 기억력을 강화할 비결을 독서 모임을 하면서 발견했다는 점입니다. 비결은 의외로 간단합니다. '모임 전 생각 정리, 모임 후 생각 정리'입니다. 메모와 후기라고 할 수 있겠죠. 이중으로 정리를 하다 보니 기억력도 발전하더군요. 저처럼 책을 읽고도 내용이 잘 떠오르지 않는 분은 이 방법을 활용해서 독서 모임에 참석해보세요.

저와 비슷한 고민을 하는 지양 씨를 만났습니다. '조지 오웰 전작 읽기' 모임에서 만난 지양 씨는 자신이 기억력이 나빠 구체적인 이야기를 못할 수도 있다는 말부터 했습니다. 그런데 저는 그녀의 수첩을 본 순간 말을 잇지 못했습니다. 조지 오웰이 쓴 장편소설《버마 시절》(열린책들, 2010)에 나온 인물 가계도가 그려져 있었고, 적어놓은 페이지 숫자가 빼곡했는데요. 그 옆엔 짧은 메모가 있었습니다.

p.193 마킨을 바라보는 우포킨

헷갈릴 수 있는 부분들에 메모를 해둔 것입니다. 모임 할 때도 지양 씨는 메모를 보면서 말을 했습니다. 그 모습에서 기억력이 부족하다는 느낌은 들지 않았습니다. 저와는 달리 착실히 준비한 지양 씨를 보며 반성했습니다. 그동안 기억력 탓만 했지 준비를 충실히 한 적은 별로 없었거든요. 그저 모임이 좋아서 즐기기만 했습니다. 일부러 지양 씨 옆에 앉아 아까 수첩을 봤다며 슬그머니 말을 꺼냈더니 부끄러워했습니다. 내용을 곧잘 잊어버려서 책 분야별로 기억 방법을 구분했다고 합니다.

소설 : 초간단 가계도(주요 인물만 기록)
기억하고 싶은 사건, 상황, 설정은 페이지와 상황 묘사 기록

비소설 : 초간단 다섯 줄 요약(목차 활용, 부제)

저자의 주장, 책 속의 예시 3-5가지 기록 (페이지 필수)

    A4 용지로 1/2 페이지 이내인 짧은 분량의 메모였습니다. 옆 사람이 볼까 봐 글자를 작게 쓰는 편인데 저한테까지 보여서 오히려 잘됐다고 지양 씨는 말했습니다. 같은 고민을 하는 사람에게 메모의 요령을 배울 수 있었으니 고마운 일이었지요.

    그 후부터 저도 지양 씨처럼 부지런히 메모합니다. 위에 정리한 지양 씨의 메모 요령도 큰 도움이 되었고, 저 나름의 메모 기술도 갈고닦는 중입니다. 예를 들자면, 한 편의 글이 될 작지만 분명한 '씨앗 메모'가 제 기억력에 큰 도움이 됩니다. 가령 후쿠오카 여행에서 '오호리 공원'을 달린 후 이 경험과 관계된 글을 쓰려는 아이디어가 떠올랐다면, 수첩에 '버킷 리스트, 마라톤 여행'이라고만 씁니다. 세계의 마라톤 대회를 하나하나 섭렵하며, 그 대회를 주최하는 도시를 여행한다는 버킷 리스트에 대해 글을 쓰려고 남겨두는 키워드입니다. 이 간단한 메모가 씨앗이 되어 나중에 글로 자라나는 거죠.

    나만 보는 메모이니 부담 없이 많이 씁니다. 최근 친구가 '야밤에 하는 고전문학' 온라인 모임을 하자고

꼬드기고 있는데, 흔쾌히 참가한다고 해야겠어요. 제겐 비장의 메모가 있으니까요. 요즘은 메모를 믿고 제가 몇 개의 독서 모임까지 할 수 있는지 실험해보고 있습니다.

    메모한 후에 잊더라도 괜찮습니다. 메모하면서 집중한 경험은 몸에 고스란히 남습니다. 쌓이면 삶이 되고, 태도가 됩니다. 덜 잊는 사람이 됩니다. 자, 독서 모임을 위한 메모를 시작해볼까요.

생각 정리의 초보라면
별점 매기기

어느 영화 평론가는 영화에 별점을 매기지 말라고 했습니다. 영화를 가볍게만 보는 태도로 이어질 수 있다면서요. 사실 평론가나 기자의 별점을 보며 불필요한 기대를 품게 되는 경우도 있으니, 별점만으로 영화를 판단하거나 평가하는 것은 경계해야 할 태도일지도 모릅니다. 책을 별점만으로 평가하는 것도 그와 비슷한 문제가 있을 수 있겠지요.

하지만 생각 정리에 서투른 독자들에게 별점은 유용한 길잡이가 됩니다. 생각을 정리하고, 입장을 표현하는 소소한 기준점이 되어주는 것이죠. 잘만 활용한다면 별점으로 독서 모임을 활기 있게 이끌어갈 수 있습니다. 읽는 상황에 따라, 몇 번을 읽느냐에 따라 이 별점은 달라질 수 있으니 '열린 별점'인 셈입니다.

보통은 5점 만점에 몇 점이냐고 진행자가 묻고, 구성원들이 1-5점 구간에서 자유롭게 별점을 주는 식으로 활용하면 됩니다. "저는 한국 소설을 별로 읽어보지 않아 별점을 주기가 어렵네요… 몇 가지 신선한 점이 있어서 제 기준에서는 4점을 주고 싶습니다." "저는 한국 소설을 매우 좋아하는데, 이런 작가는 처음이라 신선해서 4.4를 줄게요." 다양한 입장과 별점이 이어지는 흥미진진한 독서 모임입니다. 별점은 달라지기도 합니다. "제가 급하게 한 번 읽어서 일단 4점입니다. 다시 읽으면 별점이 달라질 수도 있어요." 토론하다 보니 알게 된 지점, 변한 생각들이 별점을 움직입니다. 별점은 평론가의 전유물로 볼 것이 아니라, 독자의 입장으로 본다면 다양한 활용 방법을 찾을 수 있습니다. 읽은 책들에 대한 나만의 별점을 모아 정리해보면 재미있는 기록이 됩니다.

감상과 비평은 평론가들의 몫이라고 생각하는 사람이 많습니다. 내가 이렇게 평을 해도 되나, 별점을 줘도 되나 망설이기도 합니다. 마치 자신의 별점이 작품의 흥망성쇠를 결정할 것처럼요. 유명 평론가가 아니니 부담 없이 말해도 됩니다. 독서 모임은 자유로운 별점들의 향연입니다.

어느 어린이 독서 모임이었습니다. "너무 재미있었어요!" "세 번이나 읽었어요!" 하고 호평이 이어지던 중 한 아이가 1점을 주었습니다. 재미가 너무 없어서 빵점을 주려다, 작가가 노력한 게 있으니 1점은 주겠다고 했습니다. 아이는 모임 내내 별말이 없었고 고개를 끄덕이기만 했습니다. 그런데 모임을 마무리하는 소감을 나눌 때 반전이 일어났습니다. 처음에 1점을 주었던 아이가 "별점을 4점으로 올려도 되나요?"라고 물었습니다. 저는 반가운 마음에 "그럼요!"라고 외쳤습니다. 이유는 뭐였을까요. 아이는 "혼자 읽을 때는 재미가 없었고, 엄마가 읽으라고 하니까 더 읽기 싫었는데 친구들이 이야기하는 걸 보니 재미가 느껴졌고 작가가 노력한 부분이 더 잘 느껴져 4점을 주고 싶어요"라고 대답했습니다. 이렇게 열린 시각을 별점으로 보여주다니, 정말 멋진 어린이 독자 아닌가요?

별점은 정답이 아닙니다. 움직이는 입장일 뿐입니다. 별점을 설명하다 보면 좋은 점과 아쉬운 점, 탁월한 점과 한계를 정리해서 말할 수 있습니다. 말을 하다 길을 헤매거나 마무리가 안되는 사람에겐 헤매지 않게 해주는 주소입니다. 횡설수설, 중언부언하는 습관을 정리해주는 작은 선입니다.

물론 '인생 책'의 별점은 영원히 변치 않을 때도 있긴 합니다. "지금까지 '인생 책'으로 꼽았는데 나중에 빼고 싶어진 책이 있었나요?" 언젠가 받았던 질문입니다. 한참을 생각해도 떠오르지 않아 "아니요… 아직은 없네요"라고 말했습니다. 제 인생의 책이라면 별점은 5점인데, 다시 읽어도 감점할 부분이 없는 책이 수두룩합니다. 5점짜리 책이 많은 저는 그러고 보면 참 행복한 독자네요. 여러분에게도 그런 책이 있나요?

다음 독서 모임에서는 다음 표와 같은 기준으로 별

점을 매기며 이야기를 나눠보면 어떨까요.

[독서 모임에 활용하는 별점 기준]

책 별점 구간	이유	기타
1-3점	• 재미없었을 때 • 어려웠을 때 • 잘 읽히지 않았을 때 • 와닿지 않았을 때	• 별점을 주기 어려울 때 • 별점을 보류하고 싶을 때 • 토론 후 별점이 올라갈 것 같을 때
3-4점	• 잘 읽었지만 추천하고 싶지는 않은 책일 때 • 극찬할 책은 아니지만, 그럭저럭 괜찮은 책일 때 • 아쉬운 점 한두 가지가 분명할 때	• 추천 이유만큼이나 아쉬운 점이 분명할 때 • 아주 좋지도 나쁘지도 않아 어중간한 느낌이 드는 책일 때 • 괜찮다는 느낌 정도의 책일 때
4-5점	• 자신에게도 좋았고 추천도 하고 싶을 때 • 많은 사람이 꼭 읽었으면 하는 책일 때 • 다른 사람은 모르겠지만 자신에겐 매우 좋았을 때 • 다시 읽고 싶은 책일 때 • 빌려 봤는데 사고 싶어진 책일 때 • 밑줄을 매우 많이 그은 책일 때 • 이 작가의 다른 책도 읽고 싶어졌을 때	• 추천 이유가 다양할 때 • 적극적으로 추천하고 싶을 때 • 나만 읽고 싶은 책이라고 느낄 때 • 이 책이 오래도록 읽힐 것 같은 예감이 들 때 • 알려지지 않은 책이라 안타까울 때 • 단점이 잘 보이지 않는 책일 때

짜임새 있게
소감 말하기

독서 모임에서 각자 구체적인 소감을 나누는 순서가 다가옵니다. 갑자기 머릿속이 하얘집니다. 별점은 숫자이니 명료하지만, 생각은 모호합니다. 정리된 말을 해야 한다는 부담이 밀려오자 몸이 얼어붙는 것 같습니다. 겨우 말을 끝내긴 했지만, 무슨 말을 했는지 기억이 나지 않습니다. 이 식은땀 나는 모임 경험을 털어놓은 사람은 초등 교사였습니다. 오래도록 친구들과 독서 모임을 해 왔는데, 직장 동료들과 독서 토론을 하려니 잘 안되더라는 겁니다.

자신은 그간 실용서를 주로 읽어왔는데, 인문서를 읽는 동료들을 보니 자신감이 뚝 떨어졌다는데요. 독서 모임을 하다 보면 그렇게 나의 부족한 밑천이 드러날 것 같아 걱정이 밀려올 때도 있습니다. 그럴 때 어려운 책도 그저 하나의 의견이라고 받아들이면 조금 편해집니다. 누구나 자신의 관심사, 문제 해결을 위한 책 읽기를 합니다. 나는 부족하다는 자기 검열을 잠시 내려놓으세요. 독서 모임은 다른 사람은 어떤 책을 어떻게 읽었는지 들어보는 기회입니다. 관점을 바꾸면 달리 보이고, 다르게 행동하게 됩니다. 인생에 새로운 에너지가 생깁니다.

그래도 긴장이 된다면 생각을 정리할 때 두 갈래 길을 찾아보세요. 바로 생각을 '좋았던 점'과 '아쉬웠던 점'으로 나누어 정리하고 말하는 겁니다. '칭찬'과 '의문'이라고도 할 수 있겠네요. 동전의 양면처럼 관점을 절반씩 구성하면 짜임새 있는 독서 소감이 됩니다. 이

두 갈래 길을 기억하고 있으면, 책을 읽게 된 계기나 좋았던 점만을 혹은 아쉬운 점만을 장황하게 늘어놓지 않으니 소감이 간결하게 정리됩니다. 다음은 최근 들은 인상 깊은 책 소감입니다.

"1인 출판사가 만든 책이고 작가의 첫 책이라 그런지 알려지지 않은 인터뷰집이네요. 다양한 분야에서 '혼자 일하는 사람들'을 심층 취재하여 간결하게 요점만 정리했다는 점이 돋보였어요. 인터뷰집을 꽤 보는 편인 제게도 신선하게 다가올 정도로 질문이 겹치는 것 없이 다양했습니다. 분량이 적고, 깊이가 얕다는 아쉬운 점을 짚는 분도 계신데 저는 그것이 이 책이 강점이라고 봤습니다. 이 이상의 이야기는 자신이 겪어야 할 일입니다. 더 나갔으면 지루할 뻔했습니다."

우선 자신이 읽으며 '좋았던 점'을 말하고, '아쉬운 점'은 다른 사람들의 의견을 활용했지만 오히려 자신에게는 그것도 강점이었다고 평했네요. 이 독자가 책에 무엇을 기대하고, 어떤 점에 관심이 있는지, 취향까지 알 수 있는 알차고도 간결한 소감이었습니다. 이 책이 어떤 사람들에게 잘 읽힐지까지 생각할 수 있었습니다. 주관적이면서도 객관적인 독서 소감이었어요.

어떻게 말해야 할지 막연할 때는 우선 '나라는 독자'를 간결하게 설명해봅니다. 위 사람처럼 말이죠. 이런저런 군더더기를 붙이지 않아도 됩니다. 누구나 간결한 말을 듣기 좋아한다는 사실을 잊지 않는다면 적당한 속도로 요점을 살려 말할 수 있습니다.

짜임새 있는 소감을 말하고 싶다면 이런 방법도 좋습니다. 책에 등장하는 대표 예시를 하나 정도 메모해둡니다. "질문이 겹치는 것 없이 다양했습니다." 이 말을 설명할 수 있도록 책 속에 어떤 질문들이 있었는지를 예를 들어 말하는 겁니다. 이런 식으로 근거와 이유를 더한 짜임새 있는 말하기를 완성할 수 있습니다. 또한 모든 말은 마무리가 중요한 만큼 내가 어떻게 읽었는지 입장을 한 번 더 정리하면 한층 분명한 소감이 됩니다. 예를 들어 "제게는 다시 보고 싶은 책입니다" "주변 사람들에게 선물하고 싶은 책이었습니다" 또는 "제 고정관념을 깨준 올해의 책입니다"처럼 한 문장으로 정리해 마무리하면 다른 사람들도 결론을 빠르게 이해하게 됩니다. 기승전결이나 서론, 본론, 결론과 같은 틀을 떠올릴 것까지는 없지만, 글과 말은 결론에 이르러야 합니다. 맺음말 하는 연습을 해두면 더욱 짜임새 있는 소감을 말할 수 있습니다. 용두사미에 그치는 말을 덜 하게 되겠지요?

독서력, 논제로 토론할 때
부쩍 자랍니다

한 학부모 독서 모임을 만났습니다. 모임을 한 지는 꽤 오래되었지만 서로 워낙 친해서 그런지 모임이 수다로 흐르곤 한답니다. 그래도 모임 자체가 너무 소중하다고 했습니다. 이미 "언니 동생" 사이가 되었고 함께 차와

간식을 즐기다 이제는 브런치까지 같이할 정도로 가까워진 모임입니다. 아이들 이야기부터 삶에 대한 고민까지 나누며 친밀감을 느끼다 보니 긴장이 풀리고 관계는 느슨해졌다고 합니다. 점점 책을 안 읽고 오는 사람이 늘고 결석률도 높아졌다고요. 그중 꾸준히 책을 읽어오던 한 분이 보다 깊이 있는 모임을 원해 저를 찾았습니다. 저는 '독서 토론 논제'로 모임을 해보자고 제안했습니다. 예상대로 모두에게 환영받지는 못했어요. "부담되네요." "왠지 잘해야 할 것 같은데요." "저희끼리만 하다가…" 책 읽는 습관도 완전히 몸에 붙지 않는데 논제 토론까지는 무리라고 했습니다. 아직은 사는 이야기 나누며 치유하는 편안한 모임이 좋다는 분들이 많았습니다. 물론 토론에 갈증을 느끼던 분은 다른 입장이었습니다. 당장 논제 만드는 법도 배우고 논제로 토론을 하자고 했습니다.

논제란 책을 읽으며 자신과 다른 사람들에게 던져볼 수 있는 다양한 질문입니다. 제가 공저한 책《질문하는 독서의 힘》(북바이북, 2020)에 상세히 실어놓았는데요. 밑줄에서 시작된 질문이 논제로 완성되기까지 일정 부분은 공부가 필요합니다. 그저 나만 궁금해하는 게 아니라 함께 토론할 질문으로까지 확장시키려면 객관적 안목과 심도 깊은 고민도 필요합니다. 논제를 만드는 과정 자체가 최고의 정독이라고 저는 생각합니다.

논제에 관해 토론할 기회가 있다면 적극적으로 경험해보세요. 나의 고정관념을 깨줄 논제라면 피할 이유가 없습니다. 혼자 읽을 때는 생각지 못한 사유의 바다를 항해하는 것과 같으니까요. 스스로 논제를 만들어봐도 좋습니다.

논제를 만드는 과정은 '책 읽기→밑줄→메모→발췌→논제'로 요약할 수 있습니다. 이 글 마지막에 자세한 예시로 실었으니 살펴보세요. 논제에 대해 말하는 과정은 아래처럼 정리해둘게요.

① 각 논제의 요점을 한 문장으로 정리해봅니다.
② 논제와 관련된 페이지를 직접 찾아 읽어봅니다.(발췌 참고)
③ 할 말을 떠올려보고 관련된 키워드(단어)를 정리합니다.
④ 키워드를 연결해 각 논제에 대한 발언을 두세 문장으로 요약합니다.

ⓔ 논제와 연관된 발췌 부분이 있으면 표시해서 준비해
둡니다.

할 수 있다면 순서대로 연습해보세요. 처음으로 논제로 토론한다면 '기본기'를 쌓는다고 생각하시면 좋아요. 이 기본기가 바로 독서력입니다. 모임을 하다 보면 전보다 독서력이 좋아졌다는 말을 하는 회원들을 종종 만납니다. 독서력이 정확히 무엇인지, 그에 대한 해석이야 다양하겠지만 뭐니 뭐니 해도 '편식 없는 책 읽기 내공'이 바로 독서력 아닐까요. 전에는 "왠지 손이 안 가요, 무슨 말인지 모르겠어요, 남는 게 없어요, 진도가 안 나가요"라고 말하던 사람들도 독서 모임을 하게 되면 읽기 싫은 책, 손이 안 가는 책도 숙제하듯 억지로라도 읽게 됩니다. 그렇게 읽어나가다 보면 어느새 편식이 줄어들고 골고루 읽는 독서 습관을 기르게 됩니다. 영양 상태가 균형이 잡히면 몸이 건강해지듯, 독서력도 균형을 찾으면 부쩍 강해지는 것이죠.

무엇보다, 이전까지 책을 읽으며 내용 파악에만 급급했더라도 독서력이 키워진 후에는 저자가 하려는 말과 저자가 던지는 질문을 다각도로 읽어내는 힘이 생깁니다. 그저 사용 설명서 읽듯 내용만 읽어나가는 책 읽기에서 의미와 맥락을 읽어내는 문해력을 갖춘 책 읽기의 세계로 건너가는 것입니다.

독서 모임에서 비록 말솜씨는 늘지 않아도, 아니 말하기 실력은 여전히 제자리라도 '책을 읽는 힘'이 커지면 어느덧 자신감이 생깁니다.

17세기의 시인이자 문인이었던 존 밀턴의 《실낙원》(문학동네, 2010)으로 논제 토론을 진행했던 적이 있습니다. 10,000행이 넘는 운문으로 이루어진 방대한 고전입니다. 이 책을 읽고 논제 토론을 한다니 절반 이상이 나오기 어렵다며 결석을 알려왔어요. 그래도 네 명이 모임에 나왔습니다. 모두 책을 읽고 참석했고요. 시작할 무렵에는 도대체 무슨 말을 하는지 모르겠다는 의견이 많았습니다. "시로 이루어져 있어서" "마치 성경을 보는 것 같아서" "나는 기독교 신자가 아니라서" "아니, 나는 또 기독교 신자여서" 이해하기 어려웠던 다양한 이유를 늘어놓던 사람들이 논제 하나하나를 놓고 의견을 나누면서 비로소 존 밀턴이 무슨 이야기를 하는지 알게 되었다고 말했습니다. 이제 속편인 2권을 읽을 자신감도 생겼다고요. 특히 책 속에 나오는 천사, 악마, 그리고 인간에 대한 작가의 다양한 시선이 이렇게 오래된 작품을 오늘날에도 새롭게, 현대적으로 읽을 수 있게 해 준다는 의견이 많았습니다.

한겨레교육문화센터에서 만난 한 분은 저와 토론하기 전에 논제지에 생각을 모조리 써 오셨습니다. 말을 시작하면 횡설수설하기 때문에 정리했다고요. 실제로는 말도 재치 있게 하고 책 읽기 내공도 깊었지만 '준비'를 하지 않으면 말을 잘 하지 못한다고 했습니다. 제가 볼 때는 그 준비의 끈을 조금씩 놓아도 되는 상태 같았지만, 본인이 편한 방법으로 성장하도록 지켜보았습니다. 논제 토론에 익숙해지면, 차츰 생각을 정리할 수 있게 되어 모든 생각을 쓸 필요는 없어지니까요.

그렇게 글을 쓰는 게 편하다면 아예 서평을 쓰며 생각을 정리하는 것도 방법입니다. 보통은 논제라는 단어만으로도 부담을 느끼는 사람은 서평이라는 말만 나와도 첫 문장이 안 써진다고 어려워하기는 하지만요. 논제나 서평, 모두 거리감이 좀 있지요? 뭔가 전문적인 내용이 나와야 할 것 같고 말입니다. 그래도 하다 보면 조금씩 익숙해지고, 그러다 보면 이전의 말하기나 글쓰기로 되돌아가기 어려운 객관과 설득의 세계로 진입할 수 있습니다.

논제 토론이나 서평 같은 도구를 활용하다 보면, 어려운 고전에 도전할 수 있게 되는 것은 물론 독서력을 부쩍 키울 수 있습니다. 한 회원이 이런 말을 한 적이 있습니다. "고전을 읽다 보니까 요즘 나온 책들, 단행본들은 너무나 쉽게 잘 읽히고 소화돼요." 다른 한 회원은 자신이 따로 고전 낭독을 이어오고 있는데, 고전을 읽다 보니 책을 마치 지도처럼 보며 이 지도와 저 지도를 연결해 나만의 지도를 만들 수 있고, 여러 책들과 그 책 사이의 맥락과 의미를 스스로 파악하는 힘이 절로 좋아진다며 고전 낭독의 장점을 강조했습니다. 그는 반드시 토론이 뒷받침되지 않더라도 함께 낭독을 하며 고전을 읽어나가는 기쁨과 이 과정을 거치며 독서력이 얼마나 좋아지는지에 대해 열띠게 말했습니다. 그는 항상 가장 난해한 책의 독서 모임을 가장 먼저 신청하고 방대한 '벽돌 책' 깨기 모임도 끝까지 참가하는데, 고전으로 독서력 키우기를 설파하는 그 모습이 항상 모임에서 살아남는 '생존자'다웠습니다.

독서 모임에서 논제 토론과 서평을 병행해보면 어떨까요. 새로운 세계로 가는 낯선 문을 열어보세요. 독서 모임은 독서력의 지름길입니다. 우리는 독서 모임에서 편식과 편견 없는 책 읽기로 나아갈 수 있습니다.

> **독서 모임 논제 예시 : 서은국 《행복의 기원》(21세기북스, 2024)**
>
> ⊙ 자유 논제
>
> 한국인인 우리는 한국 문화의 독특한 점을 의식하지 못한다. 그러나 다른 문화와 비교해 보면, 우리 사회는 눈에 띄게 집단주의적이다. 장점도 있지만 개인의 행복 차원에서 보면 만만치 않은 어려움을 줄 때도 있다.
> 자유감의 부족과 과도한 물질주의 등으로 나타나는 증상들의 공통 원인은 너무 예민한 타인 의식이라고 생각한다. 그렇다고 세상과 담을 쌓고 유아독존의 삶을 살자는 말이 아니다. 균형이 필요하다.(p.182~183)

책은 "내 인생의 가장 중요한 목표는 물질적 풍요인가?"라는 질문에 "YES"라고 답한 응답자 비율이 전 세계에서 가장 높은 나라 중 하나가 '한국'임을 소개합니다. 이런 현상을 두고 저자는 "남이 볼 수 있는 화려한 겉옷을 인생에 덧입혀야 행복할 수 있다는 믿음과 관련 있을 것(p.176)"이라는 견해를 이어갑니다. 또한 "실제로 다른 국가와 비교해보면 한국은 타인에 대한 신뢰도 수준이 낮다(2010)"라는 연구 결과를 인용하며 "행복하기 위해서는 어쩔 수 없이 만나는 사람들보다 만나고 싶어서 만나는 사람들이 많아져야 한다(p.182)"라는 생각을 덧붙이는데요. 여러분은 저자의 이런 입장을 어떻게 보셨나요? 자유롭게 말씀해주세요.

⊙ 선택 논제

[선택 논제 텍스트 1]

내향적인 사람들은 이런 사회적 스트레스를 더 예민하게, 더 많은 사람으로부터 경험한다. 그래서 사람들에게서 한발 뒷걸음질 치는 것처럼 보일 수 있다. 하지만 그건 사람이 싫은 것과는 다른 얘기다.

이런 비유가 어떨지. 외향적인 사람이든 내향적인 사람이든 오르고 싶어 하는 산은 똑같다. 사람들이 즐겁게 모여 있는 정상. 이 둘의 차이는 얼마나 무거운 짐을 등에 지고 오르냐다. 외향적인 사람의 가방

> 은 가볍지만, 내향적인 사람의 가방은 어색함, 스트레스, 두려움 등으로 무겁다. 그래서 중턱쯤에서 되돌아가는 경우도 많다. 결국 산 정상에는 외향적인 사람들이 더 많이 모여 있지만, 내향적인 사람들이 산보다 바다를 좋아해서 그런 것은 아니다.(p.149)

저자는 '외향성이 행복 연구에서 주목받는 이유'를 "행복과 가장 손을 꽉 쥐고 있는 짝이기 때문"이라고 밝힙니다. 두 그룹의 예를 보여주며 "행복한 사람들은 월등히 더 외향적이고 정서적 안정성이 높았"으며 "행복 지수 상위 그룹의 사회적 관계의 빈도와 만족감이 월등히 높았음(p.144)"을 전합니다. 저자는 자신의 선호와 무관하게 "외향적인 이들이 행복하다는 것은 사실"이며 "외향성이라는 것은 심리학자들이 연구 목적으로 개개인에게 붙여 놓은 일종의 명찰일 뿐, 그 때문에 행복한 것은" 아니라고도 말합니다. "행복에 대한 이해를 위해 그 명찰이 붙은 사람들이 가진 독보적 특성을 파악하는 것이 중요"하며 "그것이 사회성(p.145)"이라고 저자는 밝힙니다. 여러분은 저자의 이런 견해에 공감하시나요?

공감한다. / 공감하기 어렵다.

[선택 논제 텍스트 2]

사실 그가 관심을 둔 것은 정확히 말해 '가치 있는 삶(good life)'이지 '행복한 삶(happy life)'이 아니었다. 우리가 이 둘을 혼동하고 있는 것이다. 어쨌든 이런 초엘리트주의적 행복관의 잔재 때문에 좋은 삶과 행복한 삶이 뒤엉켜 있다.

행복도 오컴의 날로 정리할 필요가 있다. 행복은 가치(value)나 이상, 혹은 도덕적 지침이 아니다. 천연의 행복은 레몬의 신맛처럼 매우 구체적인 경험이다. 그리고 쾌락적 즐거움이 그 중심에 있다(Diener, Sapyta, & Suh, 1998). 쾌락이 행복의 전부는 아니지만, 이것을 뒷전에 두고 행복을 논하는 것은 어불성설이다.

가치 있는 삶을 살 것이냐, 행복한 삶을 살 것이냐는 개인의 선택이다. 내가 강조하고 싶은 점은 첫째,

> 이 둘은 같지 않다는 것이고, 둘째는 어디에 무게를 두느냐에 따라 삶의 선택과 관심이 달라진다는 것이다.(p.190)

책에 따르면 "가치 있는 삶을 살 것이냐, 행복한 삶을 살 것이냐"는 "같지 않"습니다. 저자는 "어디에 무게를 두느냐에 따라 삶의 선택과 관심이 달라진다는 것"을 강조합니다. 책은 "무엇이 가치 있는지를 평가하기 위해서는 잣대가 필요하고, 많은 경우 그 잣대의 역할을 하게 되는 것은 다른 사람들의 평가(p.190)"라고 전합니다. 여러분은 책이 던지는 두 물음 중 어느 쪽의 의미를 더 중시하는 편인가요?

가치 있는 삶을 살 것인가? / 행복한 삶을 살 것인가?

모임 전 서평 쓰기로
생각 정리하기

원작 소설이 있는 영화가 개봉했는데, 재미있어 보여 관람을 결심했습니다. 여러분은 이럴 때 원작을 읽고 영화를 보는 편인가요? 아니면 읽지 않고 영화부터 보나요? 원작을 읽어야 더 재미있게 보는 사람도 있고, 아무런 정보 없이 감상해야 재미를 느끼는 사람도 있습니다. 두 사람은 다른 선택을 하겠지요. 저는 원작을 읽고 영화를 보는 편입니다. 어디가 어떻게 달라졌는지 미리 찾아보지는 않고요. 원작의 감흥 위에 영화 감상의 재미를 얹는 순간을 좋아합니다. 원작을 읽고 영화를 보면 문학과 영화의 세계를 더욱 자유롭게 오가는 느낌이 듭니다. 이와 달리, 영화부터 보고 책을 읽으면 둘의 차이를 대조하는 수사관이 된 것 같은 기분이 듭니다. '사실 원작은 이랬구나'를 알게 되면 오히려 문학 읽는 즐거움이 줄어듭니다.

독서 모임에서도 비슷한 경우가 있습니다. 바로 서평 쓰기인데요. 모임 후에 서평 쓰기와 모임 전 서평 쓰기라고 할 수 있습니다. 이 역시 사람에 따라 선호도가 다릅니다. 말을 할 때 많이 긴장하거나, 끝을 얼버무리거나 횡설수설하는 습관으로 고민이 된다면 모임 전 서평 쓰기를 추천합니다. 생각을 어느 정도 정리할 수 있으니까요. 다만 모임에 가서 생각을 말할 때는 이 원고에 얽매여선 안 됩니다. 글로 쓴 후 잊는 편이 낫습니다. 기록은 하나의 경험으로 둔 채 편안하게 말하면 됩니다.

그렇다면 어떤 글을 써야 할까요? 간결하고 명확하

게 표현하고 싶은데 무엇을 써야 할지 막막하다면 다음 세 단계를 거쳐보면 좋습니다. ●책을 읽으며 좋았던 부분들(페이지 확인)과 아쉬웠던 부분들(페이지 확인) 메모 ●일기형 독후감으로 기록 ●A4 한 장 분량의 서평 쓰기입니다. 세 가지 방법을 차례대로 다 해보고, 모임 성격에 따라 알맞은 방법을 써보는 겁니다.

예를 들어 그림책 모임에 갈 때는 일기형 독후감을, 인문 사회 독서 모임에 가기 전에는 좋았던 부분들과 아쉬웠던 부분들까지 정리합니다. 고전문학 모임에 가려니 무엇부터 말해야 할지 모르겠다면 한 장 서평 쓰기를 해봅니다. 준비한 글을 자신이 현장에서 어떻게, 얼마나 활용했는지 모임 후에 돌아보는 것도 중요합니다. 최적의 방법을 찾아가야 하니까요.

제가 공저한 책《서평 글쓰기 특강》(북바이북, 2015)에 서평 쓰기에 대한 자세한 안내가 나와 있지만, 다음 페이지 표로 간단히 설명해드릴게요. 독후감과 서평의 차이를 한번 살펴보세요.

작가 정보, 간략한 줄거리, 책 정보, 주요 본문, 장단점 비평, 추천 독자까지 두루 살피며 글로 정리하다 보면 주요 내용이 머리에 잘 새겨져 이후에도 구체적으

[독후감과 서평, 이렇게 달라요]

독후감	서평
주관적, 감상적, 개인적	객관적, 논리적, 사회적
주어 – '나는' '필자는' 서술어 – '재미있었다' 　　　　'알게 되어 좋았다' 　　　　'지루했다' '읽혔다' 등	주어 – '책은' '작가는' '독자는' 　　　'등장인물 ○○는' 서술어 – '재미있을 수 있다' '재미있게 읽히기도 한다' 　　　　'지루할 수도 있다' 등

로 책을 기억할 수 있습니다. 서평은 초등학교 고학년도 '별점 글쓰기'로 다가서면 충분히 쓸 수 있는 실용적인 글쓰기입니다. 독서 내공이 부족해도 걱정 마세요. 내가 좋아하는 책에 대해서라면 무리 없이 쓸 수 있다는 걸 알게 될 겁니다. 그럼에도 막막하게 느껴진다면 《서평 글쓰기 특강》 또는 《서평 쓰기, 저만 어려운가요?》(엑스북스, 2024)를 읽고 서평 쓰기에 도전해보세요. 독후감과의 차별점을 군데군데 새기며 조금씩 다듬어가면 누구나 서평을 쓸 수 있습니다.

다른 사람의 말을 듣고
내 의견 덧붙이기

독서 모임에 가는 이유 중 하나는 '다른 생각'을 듣기 위해서입니다. 단순한 호기심을 넘어 타인의 렌즈를 통해 책의 다양한 면을 보고 싶은 끌림이 우리를 독서 모임으로 이끄는 게 아닐까요. 나와 같은 페이지를 전혀 다르게 읽은 사람도 있고, 약간 다르게 본 사람도 있는가 하면, 때로는 나와 아주 엇비슷한 관점을 가진 사람도 만나죠.

그래도 가끔은 내가 남들과 너무 다른 생각을 하는 건 아닌가 싶어 걱정스럽기도 합니다. 책장이 잘 안 넘어가거나, 지루하거나, 불편하게 읽은 책일수록 그 걱정은 커집니다. 혹시나 유별난 사람으로 보일까 신경이 쓰입니다. 어느 정도는 비판을 하고 싶었는데 거의 책이 너무 좋다는 분위기라 비집고 들어갈 틈이 보이지 않다가, 누군가 조금 실망했다고 말했을 때 나서고 싶어집니다. 그런데 바로 그때 진행자가 "더 이상 다른 의견 없으시면…"이라며 다른 주제로 넘어가려 합니다.

다른 생각에 의견을 덧붙이고 싶은 경우는 크게 네 개 유형이 아닐까 합니다.

- 지금까지 전혀 나오지 않은 생각을 보태고 싶을 때
- 조금 나오다 말아버린 생각에 덧붙이고 싶을 때
- 앞서 들은 말인데 내 방식대로 정리하고 싶을 때
- 다른 사람들은 어떻게 생각하는지 듣고 싶을 때

남의 의견에 생각을 보태는 것이 조금 눈치가 보일 수 있지만, 자기 생각을 돌아보고 위와 같은 유형이라면 부담 없이 생각을 덧붙여보세요. 한참 듣는 시간을 보낸 후의 말이니 편안하게 말하면 됩니다. 새롭거나 다른 생각을 들을 수 있는 기회가 되니 누군가는 매우 반가워할 겁니다. 다양한 생각을 들으니 시야가 열린다며 감탄합니다. 자신과 다른 의견이라고 해서 차단하려는 사람은 사실 독서 모임에서 거의 만나기 힘듭니다. 그런 성향을 지닌 사람이라면, 어떤 독서 모임이든 꾸준히 나가기는 쉽지 않습니다. 나와 엇비슷한 입장은 있지만 완전히 똑같은 입장은 없기 때문입니다.

이미 나온 생각이라도 말하다 보면 나만의 관점으로 정리될 수 있으니 일단 손을 들어보세요. 이런저런 말을 늘어놓다 보면 갈 길을 찾고 제자리에 도착하는 것입니다. 우리는 그 여정을 마다할 이유가 없습니다. 장황해지지 않도록, 횡설수설만은 피하도록 2분 내에 마친다는 생각으로 시작해보세요. 물론, 의견을 더하려면 먼저 나오는 말들을 주의 깊게 들어야 합니다. 기억하고 싶은 생각은 간단히 받아써둡니다. 저는 주로 느낌표와 물음표로 메모를 하는데요. 여러분도 필요하다면 다음

표에 설명된 내용을 참고해서 메모를 활용해보세요.

[느낌표/물음표 메모 기법]

항목	특징	표시법
느낌표 !	공감, 발견, 감동, 감화	문장 옆 여백에 [!] 표시를 해둔다.
물음표 ?	불편 또는 불쾌, 난해, 지루함, 질문	문장 옆 여백에 [?] 표시를 해둔다.

독서 모임에서 하는 말은 어디까지나 반박, 반대, 반론이 아닌 '다른 생각'이니 차분히 말하면 됩니다. 예를 들어, 지금까지는 저자가 들고 있는 예시가 너무 많고 장황하다는 의견이 많았다고 합시다. 그런데 나는 그 예시가 적절하다고 보았습니다. 그 예시가 없었다면 이 책을 끝까지 읽지 못했을 거라고 보는 것입니다. 그렇다면 이렇게 덧붙일 수 있습니다.

"저처럼 철학 입문서, 철학 에세이를 좋아하는 독자라면 오히려 예시 읽는 즐거움이 크다고 봅니다. 철학자마다 그 예를 풀어가는 방식을 비교해서 읽다 보면 주제에 접근하는 과정을 구체적으로 읽을 수 있으니까요.

물론 저도 예시를 다 기억할 수는 없지만 두루뭉술한 서술이나 저자의 관념적 문장이 많은 책에 지쳐서 그런지, 오랜만에 예시 읽는 즐거움을 느꼈습니다."

몇 페이지의 어떤 부분인지까지 예로 든다면 공감의 폭은 더욱 넓어집니다. 다음 같은 표현을 자연스럽게 할 수 있도록 연습해두면 더욱 말문이 트일 거예요.

"저도 생각을 조금 보탤게요."
"저도 짧게 의견을 보태고 싶은데요."
"제 의견을 말해도 될까요?"

꽤 인기리에 운영되던 독서 모임이 있었는데요. 항상 머리를 살짝 흔들며 새로운 의견을 보태던 회원이 있었습니다. 어느 순간부터인가 그가 머리를 살짝 흔들 때마다 저도 모르게 다른 의견을 기대하고 있었습니다. 저도 그런 토론자가 되고 싶다는 마음이 커지던 날들이었습니다. 그럼에도 다른 생각을 말하기 주저되는 분은 다큐멘터리 〈루스 베이더 긴즈버그: 나는 반대한다〉, 영화 〈나는 부정한다〉 두 편을 꼭 보시길 바랍니다. 자신의 의견과 다른 입장에 맞선 두 여성의 이야기가 흥미진진하게 펼쳐집니다. 다름은 틀림과 다른 태도임을 보여준 수작입니다. 영화 속 그녀들에게 '당당하게 다른 의견 말하기'를 배워봅시다. 너무 겁먹지 말자고요. 두 영화를 포함해 함께 보고 토론하기 좋은 영화들을 소개하니 영화 모임, 독서 모임에 활용해보세요.

영화 제목	감독, 배우	추천 이유
버니 (Bernie) (2013)	리처드 링클레이터 감독 잭 블랙, 매튜 맥커너히 출연	잘 짜인 이야기, 타인과의 관계란 무엇인가 다채롭게 질문한다.
베스트 오퍼 (The Best Offer) (2014)	주세페 토르나토레 감독 제프리 러시, 실비아 훅스 출연	반전을 모르고 봐야 하는 단단한 스토리텔링, 믿음에 관한 질문이다.
위 아 영 (While We're Young) (2015)	노아 바움백 감독 벤 스틸러, 나오미 왓츠 출연	각본, 연출, 연기가 조화를 이룬 작품, 나와 예술이라는 다양한 질문에 이른다.
나는 부정한다 (Denial) (2017)	믹 잭슨 감독 레이첼 바이스, 티모시 스폴 출연	모두가 그렇다고 하는 것, 어떤 이는 아니라고 하는 것에 관하여.
루스 베이더 긴즈버그: 나는 반대한다(RBG) (2019)	벳시 웨스트, 줄리 코헨 감독 루스 베이더 긴즈버그 출연	나는 반대한다고 말하던 그녀의 태도와 입장에 관한 풍성한 토론으로 이어진다.

영화 제목	감독, 배우	추천 이유
다음 소희 (2023)	정주리 감독 김시은, 배두나 출연	우리가 안다고 말했던 소희들, 우리가 몰랐던 소희들에 관한 묵직한 질문
비밀의 언덕 (2023)	이지은 감독 문승아, 임선우 출연	어린이도 선택할 수 있음을 보여주는 영화. 당연한 것은 없다.
정순 (2024)	정지혜 감독 김금순, 윤금선아 출연	직면하기 싫었지만, 직면할 수밖에 없는 지금 가장 중요한 질문들.
리얼 페인 (A Real Pain) (2025)	제시 아이젠버그 감독 제시 아이젠버그, 키에란 컬킨 출연	빤한 여행 영화가 아닌 질문과 질문으로 이어지는 차이와 견해에 관한 영화다.

책 내용과 내 관점,
감상의 황금 비율을 찾아서

한때 책 내용을 '줄줄' 말하는 사람을 보면 부러웠습니다. 나도 분명 읽은 책인데 왜 생각이 나지 않냐며 괴로워하면서 말이죠. "책에서 저자는 스승 ○○를 만나 자신의 □□한 부분을 발견했다고 말하죠. 그때 저자의 고민은 □□에 머물러 있었잖아요. 그때 스승이 이렇게 말하죠. '타인과의 관계에 매여 살다 보면 자신을 잃어버린다'라고요." 그럴 땐 공감하면서도 속으로는 '저런 내용이 어디에 있지?'라고 되묻다 대화의 흐름을 놓치기도 했습니다. 아는 척할 자신이 없었어요.

    그나마 두 번 읽은 책은 내용이 좀 떠올라요. 그럴 땐 대화에도 잘 끼어들고 의견도 내며 독서 모임을 만끽합니다. 문제는 늘 그렇듯 시간이죠. 할 일이 밀려 있을 땐 한 번도 겨우 읽고 가게 되잖아요. 제가 진행하는 경우인데도 책을 한 번만 읽고 모임을 한 적이 많습니다. 모임을 거듭하면서 책 내용을 잘 말하는 사람이 되고 싶다는 마음을 조금씩 접게 되었습니다. 저는 내용보다 생각을 잘 말하는 독자였으니까요. 그걸 깨달은 후부터는 장면이나 구절을 애써 떠올려 말하기보다는 그저 제 관점과 해석을 말했습니다. 아래처럼 같은 책에 대해서 다른 스타일로 말하는 사람을 본 후로 자신감이 생겼던 것입니다.

"저자가 스승을 만나는 장면에서 정확히 무슨 말을 들었는지는 생각나지 않지만 불편했습니다. 제겐 스승도 저자와의 관계를 중시하고 거기에 매여 있는 것처럼 보였거든요. 자신도 실천하지 못하는 부분을 권하는 스승의 모습이 와닿지 않았어요. 저자도 스승의 말 때문에 변한 듯 말하는데 이미 전에 내적 고민을 많이 거쳤잖아요. 에세이인데도 마치 자기계발서처럼 이 사람을 만나 이렇게 변했다는 투가 반복되니 식상했습니다."

두 사람 모두 같은 책 내용을 말하고 있었지만 말하는 방식은 다릅니다. 내용과 견해. 다른 말로 하면 사실과 의견입니다. 결국 어떤 대상에 대한 사실과 의견을 표현하는 것이니, 말로 하지만 '글쓰기'인 셈이기도 합니다. 그 후로 독서 모임은 제게 말로 하는 글쓰기처럼 다가왔습니다. 글쓰기는 사실과 관점의 교차이며 조합이니 말도 글처럼 풀어간다면 간결하게 정리할 수 있겠다고 생각하게 되었습니다. 할 말을 사실과 관점으로 구분하니 균형점이 보이기 시작했습니다. 내용만 읊거나, 소감에만 취하지 않는 균형감 있는 말하기 방법을 찾은 것입니다.

저는 두 방법 사이의 균형을 찾고 싶었습니다. '책 내용과 관점이 고루 섞인 말'을 하고 싶었던 것입니다.

당연히 정답은 없겠지만 저의 방식을 정리해보면 이렇습니다. '재미있다, 지루하다, 유익하다, 불편하다, 식상하다' 등등, 무엇이든 좋으니 우선 내 입장을 표현하는 서술어들을 풍성하게 떠올려보세요. 최대한 다양한 표현을 생각해봅니다. 그다음 그 표현과 관련이 있는 책 내용을 떠올려봅니다. 그런 식으로 찾아낸 내용을 중심으로 말하는 습관을 들이도록 합니다. 내용 생각이 잘 안 나더라도 당황하지 말고 자신의 생각을 보탭니다. 사전에 토론할 논제를 받았다면 각 논제와 연관된 발췌를 찾아두거나 다음 페이지 표의 내용을 바탕으로 발췌를 정리해보세요. 초보자와 중급자, 고급자로 독서 모임 경험 정도를 나눠봤습니다. 각 상황별 말의 구성을 어떻게 잡을지 간략하게 정리해보았는데요. 독서 내용에 관한 말, 책에 관한 자신의 관점으로 나누었습니다. 논제 없는 모임이라면 밑줄을 보면서 말하면 됩니다.

    위의 조언이나 옆의 표는 참고만 하고 잊어도 됩니다. 이런저런 방법에 구애받지 않고 의식의 흐름대로 자유롭게 풀어놓다 보면 건지는 말도 조금은 있으니까요. 말을 잘 못한다고 듣기만 해서는 안 됩니다. 쓸데없는 말을 하지 말자는 각오나 후회할 말은 하지 않는 게 좋

[숙련 수준별 내용과 관점 비율]

상황별	특징	표시법
독서 모임의 말하기 초보자	내용 20% 관점 80%	모임 전에, 말할 내용이나 관점을 메모합니다.
독서 모임의 말하기 중급자	내용 40% 관점 60%	메모 양을 줄이고 책에 인덱스를 붙이며 할 말을 떠올려봅니다.
독서 모임의 말하기 고급자	내용 50% 관점 50%	메모 없이 내용과 관점을 자유롭게 말합니다. 사전 메모보다는 듣기에 더 집중할 수 있습니다.

다는 생각은 결국 표현의 걸림돌이 됩니다. 자유롭게 말하되 지나치게 장황해지지 않도록 '2분 말하기'를 해주세요. 말하기 시간을 정하는 것은 때로 내 말을 정리하는 좋은 틀이 됩니다.

나만의 '물음표'로 펼치는
자기 결정적 독서

영화 〈올드 보이〉 시사회장에서 본 박찬욱 감독의 말은 느렸습니다. 그는 좀처럼 입을 떼지 않아 보는 이의 애를 태우기도 했습니다(저만 그랬는지도요). 하지만 가만히 돌이켜보니 그의 말엔 침묵이라는 언어도 들어 있었습니다. 그는 말을 하면서도 쉼, 침묵의 시간이 필요했고 듣는 사람도 그 리듬에 점점 익숙해지기 시작했습니다. 잠시 침묵이 흐르는가 하면 놀라울 정도로 예리한 표현들을 이어갔습니다. 빠르고 재미있는 말은 아니었지만, 차근차근 생각을 풀어가는 말이었기에 신뢰감이 쌓여갔습니다. 질문을 곱씹고 답하는 모습은 진지했습니다. 자신의 주관을 지키며, 스스로 판단하고 결정하여 꺼내는 말이었습니다. 작가 페터 비에리는 강연록《자기 결정》(은행나무, 2015)에서 '자기 결정적'으로 발전해나가는 일에 대해 이렇게 말했습니다. "자기 결정적으로 발전해나가는 일은 타인의 시선을 맞닥뜨리고 그에 맞설 때만 가능합니다. 여기서 가장 쉬운 방법은, 외부로부터의 모든 시선을 독립적인 정신적 정체성으로 되받아치는 것입니다. 그러나 타인으로부터 완전히 분리되어 생겨나거나 작용하는 정체성이란 존재하지 않습니다. 그러므로 타인의 시선과의 대결이 자기 결정적인 성질을 띠려면 자기가 누구인지 끊임없이 묻고 또 묻지 않으면 안 됩니다."

페터 비에리의 관점대로라면 기자들과 차분히 맞닥뜨리던 박 감독은 자기 결정적인 사람이었습니다. 그는 말하면서 되묻고 되물은 후 말하기를 자기 속도대로 이어갔습니다. 페터 비에리의 말처럼 자기 결정적으로 살아가려면 스스로 자신이 누구인지 묻고 답하며 현재를 살아야 합니다. 그래야 예기치 않게 다가오는 타인이나 세상의 질문과 부딪혀도 당황하지 않고 차분히 응답할 수 있습니다.

"말하기 실력이란 타고나는 것이냐, 노력으로 좋아질 수 있는 것이냐"란 질문을 종종 받는데요. 저는 당연히 노력하는 만큼 좋아진다고 말합니다. 이 비결을 염두에 두고 노력한다면 말이죠. 뭘까요? 바로 내가 누구인지 자문하며 사는 태도입니다. 평소 이 질문을 스스로에게 던지고 정리하는 사람은 걸리는 시간이 다를 뿐 백이면 백 표현력이 크게 좋아졌습니다. 저는 이처럼 자기 결정적으로 발전한 사람들을 독서 모임에서 자주 만납니다. 토론할 논제에 대해 처음에는 어떻게 말해야 할지 몰라 "저는 들으며 참여할게요…"라던 사람이 시간이 흐른 어느 날 가장 먼저 손을 들고 당당하게 말하는 모습을 보았습니다. 그는 이렇게 말하고 있었습니다.

"제가 보기엔 좀 다른데요."

"저는 조금 다르게 읽은 것 같습니다."
"제 관점에서는 이러저러한 것 같아요."

여전히 '~같습니다' '같아요' '듯싶습니다'라는 표현에 기대어 말했지만 자신만의 입장이 보였습니다. 독서 모임에 나오는 동안 자신에게 질문을 건네며 자기 고유의 물음표를 찾은 것 같았습니다. 모든 말하기는 결국 '나'에서 출발해 '나'로 도착합니다. 나는 왜 이 책이 재미있는지, 지루한지, 어려운지, 불편한지, 감동적인지 질문하는 과정에서 생각하기도 말하기도 점점 제자리를 찾아가는 게 아닐까요. 저는 그 '물음표의 시간'이 독서 모임이라는 사실에 공감하며, 오늘도 책을 펼쳐 물음표를 새겨넣고 있습니다.

[스스로에게 건네는 물음표의 방식들]
① 나는 왜 이 책이 재미있을까?
② 나는 왜 이 책이 재미없을까?
③ 나는 왜 이 책이 지루할까?
④ 나는 왜 이 책이 어려울까?
⑤ 나는 왜 이 책이 불편할까?

⑥ 나는 왜 이 책에서 감동을 느낄까?

⑦ 나는 왜 이 책을 추천하고 싶을까?

⑧ 나는 왜 이 책을 추천하고 싶지 않을까?

⑨ 나는 어떤 부분에, 왜 밑줄을 그었나?

⑩ 나는 이 책으로 다시 독서 모임을 하고 싶은가, 그렇지 않은가?

잘 듣고,
잘 말하는 법

말하기는 실전입니다

3

말을 듣는
나 자신을 보여주면 됩니다

우리는 왜 '잘 말하려면 잘 들어야 한다'고 생각할까요? 말을 주고받는 흐름이야말로 사람 사이의 관계라는 생각 때문이 아닐까요. 물 흐르듯 이어지는 대화의 아름다움을 내심 깊이 알고 있어서일지도 모릅니다. 혼자가 아닌 함께, 여럿이서 나누는 대화는 직선이 아닌 타원처럼 퍼져나가며 흘러서 보이지 않는 리듬을 만들어냅니다. 일방적인 수다나 단독 발언과는 다르게, 대화에는 오케스트라의 협연처럼 자연스러운 어울림이 있습니다. 말을 잘한다는 의미에 '잘 어울리며 흘러간다'는 해석을 입혀보면 어떨까요. 다른 사람과 어울리고, 흘러가기 위해 우리는 잘 들어야 합니다. 나의 말은 곧 듣기의 흔적이며, 듣기의 태도입니다.

물론, 잘 듣기는 쉽지 않습니다. 듣고 싶은 말만 듣는 습관이 수시로 작동됩니다. 독서 모임은 듣기 연습을 할 수 있는 참 좋은 시간입니다. 할 말이 떠오르다가도 또 어떤 생각을 듣다 보면 다른 말이 나오기도 하니까요. '책을 어떻게 읽었는가'에 못지않게, '어떻게 들었는가'도 중요한 활동입니다.

저는 자주 참여 소감을 말하는 순간을 지켜보곤 합니다. 그 모임에 대한 느낌을 나누는 시간입니다. 다양한 생각을 듣고 폭넓은 시각을 만나 좋았다는 소감이 주로 나오는데요. 그런 중에도 '모임 참여 소감'이 아닌 '독후 소감'을 재방송하는 사람들이 있습니다. 모임에서 느낀 점을 말하는 시간인데 자신의 독서 감상기를 길게 늘어놓기 시작하는 겁니다. 다른 사람의 말을 듣는 것 같았지만, 속으로는 무슨 말을 할까 생각에 몰두하는 사람들이 종종 이렇게 말하곤 합니다. 물론 그 시간이 끝나고도 자신이 주제에 맞지 않는 말을 했다는 사실을 알지 못합니다.

참여 소감 1. 오늘 모임에서 다양한 이야기를 들어 좋았습니다.

참여 소감 2. 제가 보지 못한 부분까지 다시 생각하게 되어 유익한 시간이었어요.

참여 소감 3. 끝까지 읽지 못했는데, 뒤로 갈수록 중요한 내용이 나온다는 사실을 알게 되니 꼭 완독하고 싶어졌습니다. 다음엔 꼭 다 읽고 오겠습니다.

독후 소감 1. 78페이지를 보면 작가가 "삶이란 동행이며, 그 동행자가 누구인지에 따라 방향이 바뀐다"라는 말을 하는데요. 특히 와 닿았던 부분이에요. 이 책은 제게 삶을 돌아보게 하는 하나의 나침반입니다.

참여 소감 4. 오늘 참여하신 분들의 말씀을 듣다 보니 정말 제가 보고 싶은 부분만 보면서 살아 왔다는 생각이 들어 갑자기 우울해졌습니다.(웃음) 함께 읽기는 처음인데 계속 모임을 해보고 싶어졌습니다.

참여 소감 5. 사실 이 책은 다른 독서 모임에서 토론했었는데, 오늘처럼 비판적인 관점은 듣지 못해서 굉장히 신선했습니다. 나 혼자만 아쉬워했나, 나는 까칠하고 꼬인 사람인가 하면서 소심해졌는데 아까 은아 님이 결말의 방식을 비판하셔서 매우 공감했어요.

독후 소감 2. 저는 평소에 이런 분야의 책 읽기를 매우 좋아해서 두 번을 읽었는데, 이 책을 제 딸과 함께 읽고 싶어졌습니다. 제 딸은 소설 읽기를 싫어해서 과연 읽을지 모르지만 제가 좋게 본 부분을 함께 나누고 싶은 책입니다.

참여 소감 6. 저는 독서 모임을 많이 했는데요. 할수록 매력을 느낍니다. 오늘 나온 말들처럼 정리된 말을 하고 싶고, 잘 듣는 사람이 되고 싶다는 생각을 하게 한 모임이었습니다.

여덟 명의 독서 모임 참여 소감입니다. 그중 참여 소감이 아닌 독후 소감 1, 2가 눈에 띄죠. 두 사람의 말을 듣다 보면 뭔가 흐름이 끊어지는 느낌이 들기도 합니다. 때로 이런 상황이 벌어지면 진행자가 "네, 그렇다면 오늘 모임은 어떠셨나요?"라고 다시 묻기도 하지만요. 그러는 것도 흔치는 않은 일입니다. 끝날 즈음엔 늘 시간이 조금은 부족하거든요. 이처럼 말을 잘해야겠다며 몸에 힘을 주다 보면 다른 말을 못 듣고 흐름까지 놓치게 될 때가 있습니다. 다음 모임에서는 그 불필요한 힘을 빼는 시도를 해보세요. 독서 모임에서는 자신이 어떻게 듣고 말하는지 알 수 있습니다. 다른 사람을 보면서 흐름을 파악하고 기회를 포착하는 방법을 배우게 됩니다. 상황과 분위기에 어울리는 말을 하고 싶다면 다른 사람의 생각에 덧붙이듯 참여해보는 것도 좋습니다. 예를 들어 다음처럼요.

A : "저는 이 책이 잘 안 읽히던데요. 백 년 된 고전이라는데 제겐 오히려 그 점이 더 큰 장벽이 되었던 것

같아요."

B : "저는 오히려 그래서 더 좋았는데요. 혼자서는 쉽게 보지 않을 고전이라 그런지 곱씹을 내용도 많고 제가 고민하는 부분까지 건드려준 통찰을 봤어요."

두 사람의 말이 끝난 후라면 A와 엇비슷한 A' 또는 B와 엇비슷한 B' 또는 그들과 닮은 점이 없는 새로운 C가 되어 말해볼 수 있습니다. A와 B의 말을 잘 듣다 보면 그 흐름을 따라갈 수 있습니다. A', B', C 중 누가 되어도 좋습니다. 남이 듣고 싶어 할 말을 생각하느라 고민할 게 아니라, 당신들의 말을 듣고 있다는 나 자신을 보여주면 됩니다. 나의 고유성을 드러내면서도 다른 생각에 공감하는 태도로 말합시다. 듣기란 이해 이전에 공감이 아닐까 합니다. 누구나 얼마쯤은 공감받고 싶은 마음으로 말을 시작합니다. 당신 입장이라면 그럴 수 있겠다는 존중의 태도가 곧 공감입니다. 독서 모임 경험이 늘면 공감하는 힘이 자랍니다. 작가에 대한 공감에 더해 다른 생각에 대한 공감이 쌓여 그 깊이는 배가됩니다. 저는 오늘도 '모임의 말들'을 기록해봅니다.

"제가 좋아했던 작가인데 이런 분야의 책을 쓰다니 낯

설기도 하지만 반가웠어요. 다음엔 어떤 책을 쓸지, 작가에 대한 기대치가 높아졌으니 큰일입니다."

"처음 보는 작가라 궁금했는데 의외의 소득이 있었어요. 작가가 인간을 바라보는 시선이 저와 상당히 닮은 점이 있었어요. 평소에 예민하다, 까다롭다는 말을 듣는데 이 작가는 저보다 한 수 위예요. 저도 '한 예민' 하니 글을 써봐야겠어요."

"이 소설을 읽다 보니 글은 아무나 쓰는 게 아니네요. 가족의 이야기로 소설을 쓰다니 저로선 불가능한 일이에요. 작가에 대한 존경심이 커져서 오히려 글 쓰는 게 더 어려워졌지만 한편으로는 제 이야기를 진솔하게 쓰고 싶어졌어요."

더하기 발언의
마법

"독서 모임은 처음이었는데… 계속 나와야 할지 고민이네요. 비슷한 말만 들으니 지루해서요."

"지루했어요?"

"네… 다들 책이 좋다고만 하니… 차라리 혼자 읽

는 게 낫지 않을까요?"

"전 다양한 생각을 들어 좋던데요. 혼자 읽으면 좋아하는 책만 보잖아요."

"그게 고민이에요. 모임이 아니면 절대 안 읽을 책이었는데…"

아직 한 모임에도 정착하지 못했다는 고민, 모임마다 좋았다는 감탄이 오가는 두 사람의 이야기를 우연히 듣게 되었습니다. 강의장에 좀 일찍 도착해서 북 카페에서 기다리는데 자연스럽게 들리더군요. 글 쓰는 일을 하는 저는 호기심이 충만하여 이런 기회를 놓치지 않고 메모해둡니다. 제 주변엔 저와 비슷한 사람이 많아서 이런 말은 좀처럼 들리지 않거든요.

독서 모임의 말이 지루하다는 사람은 평소의 고민을 털어놓았습니다. 사람들이 다른 입장을 헤아리기보다 좋은 말만 듣길 원하니 늘 대화가 지루하고 누굴 만나도 재미가 없다고 했습니다. 친구도 애인도 없어 외로운데 관계 맺기가 어렵다는 직장인이었습니다. 제가 상담을 한다면 먼저 독서 모임에서 "비슷한 말"만 하고 있다는 단정부터 내려놓자고 말하고 싶었습니다. 자세히 들으면 같은 말은 없으니까요. 엇비슷한 말이라도 차이점이 있습니다. 예를 들어 "앞부분까지는 재미있게 읽었는데 결말이 너무 당황스러웠어요. 조연처럼 나오던 사람이 갑자기 주인공을 도와주어 해피 엔딩이라뇨." "앞부분까지는 잘 읽혔습니다. 그런데 쉬운 결말이 아쉬웠어요. 중요하지 않던 인물을 문제 해결사로 둔갑시킨 느낌이에요." 두 말의 차이를 볼까요.

- '나는' 급작스러운 해피 엔딩에서 당황스러웠다.
- '작가가' 결정적인 문제 해결을 너무 손쉽게 처리했다.

주어의 종류와 방향이 다르죠? 첫 번째 소감은 개인 취향이 반영된 느낌을 주고, 두 번째 의견은 작품 비평 같은 느낌을 주네요. 초점이 다릅니다. 언뜻 들으면 이 말이 그 말 같지만 집중해서 듣다 보면 이처럼 크고 작은 차이가 들립니다. 각자 다른 입장에서 경험을 말하고 있기 때문입니다. 잘 읽힌 이유, 잘 읽히지 않은 이유도 저마다 다릅니다. 들으면서 메모를 하면 차이를 더 잘 알 수 있습니다. 문장이 아닌 핵심 키워드로 메모해 봅시다.

- 급작스러운 해피 엔딩이 당황스러움
- 손쉬운 문제 해결은 소설의 한계

요점의 차이가 선명해지고, 무엇을 말하려 했는지 이해하기 쉽습니다. 마치 취재 현장의 기자들이 속기하듯 메모하며, 생각의 차이를 확인해보는 겁니다. 그럼에도 비슷비슷한 말들이 되풀이해 나와 괴롭다면 구성원들에게 이런 제안을 해봅시다. "더하기 발언"을 해보자고요. 앞사람의 말에 덧붙여보는 겁니다.

[더하기 발언 1]

말의 순서	말의 요점
1번	급작스러운 해피 엔딩에서 당황스러움
엇비슷한 더하기 ① (+)	
2번	급작스럽게 볼 수도 있지만 상상력이 돋보였음

[더하기 발언 2]

말의 순서	말의 요점
1번	급작스러운 해피 엔딩에서 당황스러움
엇비슷한 더하기 ② (+)	
2번	급작스러운 결말이 작위적이지만, 주인공이 동창을 만나 사고를 겪는 부분이 더 작위적이었음

이런 다채로운 "엇비슷한 더하기" 발언이 나오면 독서 모임은 풍성해집니다. 같은 말이 되풀이되지 않으니 집중력도 높아집니다. 이때 진행자의 역할이 중요해집니다. "보태거나 더 말씀하실 의견 있으실까요?" "아직 말을 못 했는데 짧게 보태고 싶은 분, 있으신가요?"라며 운을 띄워줍니다. 비슷비슷한 말에 독서 모임이 집중력을 잃어가고 있다면 해볼 만한 방법 아닐까요.

난감한 상황에 활약하는
다정한 거절의 말들

과학 책을 읽기로 한 모임이 있었습니다. 평소에 잘 읽지 않는다며 과학 교양 에세이인 물리학자 김상욱의 《떨림과 울림》(동아시아, 2018)을 골랐어요. 과학과 담쌓았다며 이번에야말로 읽겠다던 다짐들은 모임 즈음에 약해지더군요. 함께 읽자던 환호는 "참석이 어려워요"라는 알림으로 바뀌었습니다. 표지만 봤는데 나가도 되느냐는 질문을 전화로 몇 분이나 늘어놓은 사람도 있었습니다. 읽고 싶었지만, 책장이 안 넘어가서 가지고만 다녔다는 분의 사연은 길고 긴 만리장성 같았습니다. 모임이 시작되니 장황하고 정리되지 않은 말도 나옵니다. 못 읽었다, 어려웠다는 사연 비중이 높다는 사실은 눈여겨볼 부분인데요. 사람들이 이런 말을 할 때는 자신의 입장을 설명하고 싶은 의지가 보입니다. 오해받고 싶지 않고, 공감받길 원하기에 말을 하다 보면 길어지고 마는 것이죠.

장황한 말은 제 갈 길을 잃어버리기도 합니다. 두서없이 늘어놓던 말을 어떻게 마무리해야 할지 몰라 민망해하는 사람도 있습니다. 무슨 말을 하려 했는지 모르겠다며 다급히 수습하는 사람도 종종 봅니다. 공감하고 경청하는 독서 모임이기에 편안히 말하다 보면 그럴 수 있습니다. 이럴 때는 말하는 사람도 괴롭지만 듣는 사람도 편치만은 않습니다. 친구나 가족이 이런다면 "언제 끝나?" "그래서 하고 싶은 말이 뭐야?"라고 정리를 요구할 수 있지만 독서 모임에선 그럴 수 없습니다. 언제 끝날지 모르는 말을 듣고 있어야 할 때도 있습니다. 그럴 때 우리에게 필요한 태도라면 세 가지가 아닐까 합니다.

    하나, 다정한 거절
    둘, 다정한 제안
    셋, 다정한 경청

장황한 말을 중단시키는 '거절'이 필요한 상황이라면, 말하는 사람이 당황하지 않도록 다정한 태도로 감싸는 것이 요령입니다. 분명하게 거절하고 제안하려는 노력도 필요합니다. 내 거절이나 제안이 상대의 기분을 해칠까 전전긍긍하지 않아도 됩니다. '미움받을 용기'도 필요 없습니다. 상대도 이런 반응을 기다릴 테니까요. 자신도 어떻게 수습해야 할지 몰라 이런저런 말을 하고 있는 상황이니 누군가의 도움이 필요한 순간입니다.

보통 '거절'이라는 말을 들으면 부정적으로 생각하는 경향이 있는데요, 다정한 거절이라면 오히려 관계를 개선시키는 약이 됩니다. 듣지도 않으면서 듣는 척하는 가면을 벗겠다는 마음을 전하는 표현이기도 하죠. 다정한 거절의 말들은 생각보다 간단합니다. "네~" "네네~"

"잘 들었습니다." 이 세 표현을 섞어 거절의 말을 만들어볼까요.

- "네~ 잘 들었습니다." 말을 끝내달라는 신호입니다.
- "네~ 네네~" 공감하고 있지만 길어지고 있다는 알림입니다.
- "네~ 네네~ 잘 들었습니다." 여기까지 듣겠다는 입장입니다.

그럼에도 장황한 말들이 계속 이어져 견디기 힘들다면, 아래와 같은 방법들을 살펴보며 대응할 길을 찾아봅시다.

1. 나 자신도 장황하게 말하고 있는 건 아닌지 살핍니다.
2. 상대의 입장이 되어 적극적으로 공감하며 듣습니다.
3. 상대가 하려는 말의 요지가 무엇인지 집중하며 듣습니다.
4. 다른 사람들도 나처럼 듣기 괴로워하는지 관찰하고, 모임 전체가 문제를 인식하도록 환기할 방법을 찾아봅시다.

5. 말하는 시간을 정하고 대화하자고 제안합니다.

독서 모임에서의 '다정한 거절'을 연습해봅시다. 어색하지 않을 때까지요. 다소 말이 길어지고 장황해지면 서로에게 이런 신호를 보내자고, 모임 전에 다정히 제안해보세요. 장황한 말을 듣는 고충이 줄어듭니다. 모임 중간이나 끝난 후가 아닌 시작 전에 권해주세요. 다른 이의 시선을 의식하는 사람이라면 모임 도중 이런 말을 들었을 때 주눅이 들 수도 있습니다. '내가 길게 말해서 그런가? 오늘은 듣기만 해야겠다.' 이런저런 생각에 빠져 할 말을 잊어버리기도 하니까요. 이 모든 신호들은 물론 연습이 필요합니다. 다정한 거절, 다정한 제안, 다정한 경청을 독서 모임에서 연습해보세요. 좋은 관계의 중심엔 늘 건강한 거절이 있습니다. 사실 우리에게 가장 유용한 말은 어쩌면 다정한 거절이 아닐까요. 물론 거절하기 위한 한 줌의 용기는 필요하겠죠.

모르는 책 이야기가 나오면
어떻게 대처할까요

독서 모임에서 모르는 책이나 작가 이야기가 나오면 호기심이 생기지만, 자신감이 떨어지기도 합니다. 어쩐지 나에겐 어려운 수준 높은 모임처럼 느껴져 나오려던 말도 쏙 들어가버립니다. 이런 상황이라면 여러분은 어떻게 하시나요. "작가 이름이 뭐라고요?" "책 제목 다시 말씀해주시겠어요?" 하고 묻는 편인지, 아니면 묵묵히 듣고만 있는 편인지요.

만약 후자라면 어떨까요. '누군가 나한테 그 책에 대해서 물어보려나? 말할 순서가 오면 어떡하지' 하며 가슴이 두근거릴지도 모릅니다. 내 무지가 드러났다는 생각에 부끄러움을 느끼거나, 모임 수준을 떨어뜨리고 있다는 기분이 들 수도 있어요. 독서 모임에 계속 나가도 되나 자기 검열까지 시작할지도 모릅니다. 그렇다면 파리 8대학 교수이자 작가인 피에르 바야르가 쓴 에세이 《읽지 않은 책에 대해 말하는 법》(여름언덕, 2008)을 읽어보는 건 어떨까요. 그는 읽지 않은 책에 대해서도 "얼마든지 누군가와 열정적인 대화를 나눌 수 있다"라고 말합니다. 심지어 상대도 그 책을 읽지 않았다고 해도 말이죠. 아무리 책을 많이 읽는 독자라도 이 세상에 존재하는 책의 극히 일부를 읽을 뿐이라는 저자의 생각에 밑줄을 그어봅니다. 그러니 읽지 않은 책에 대해 말하기 또한 가능한 일이라는 거지요. 저자가 경계하는 태도는 교양 있는 사람으로 보여야 한다고 스스로를 속박하는 것입니다. 나는 이런 책을 읽었다, 이런 작가도 있다는 말하기를 좋아하는 사람들의 속내엔 그런 속박이 어느 정도 들어 있다는 것입니다. 여기에서 벗어나야 '자기 진실'에 이를 수 있다는 일침을 마주하면, 속마음을 들킨 듯 부끄러우면서도 진심으로 공감하고 있는 나를 발견하게 됩니다.

　왜 우리는 많은 책을 읽고 싶어 할까요. 여러 이유가 있겠지만 교양 있는 사람으로 보이고 싶은 마음도 있습니다. 부정할 수 없는 욕구입니다. 독서량이 많은 사람들을 세 유형으로 나눠볼까요? 읽은 내용을 말하고 싶어 하는 '전시형', 읽은 수준을 확인받을까 노심초사하는 '눈치형', 다른 시선에서 자유로운 '초연형'으로 분류해보고 싶네요. 전시형은 독서 모임이 끝나고 '내 말만 길었구나' 하며 혼자 떠들고 왔다는 자책감을 느끼기도 합니다. 다음엔 말을 줄여야지 다짐하지만 쉽지 않죠. 눈치형은 조바심이 납니다. 책에 대해 정확히 말하지 못할까, 논리정연하게 말하지 못할까 싶어 불안합니다. 말문이 막히고 머릿속이 하얗게 됩니다. 초연형은 모임을 즐기기에 고민이 적습니다. 다음에 더 준비를 잘해야겠다는 각오나 목표를 세우지도 않습니다. 돌아서면 잊어버리는 편이라 반복을 오히려 좋아합니다.

피에르 바야르의 말처럼, 책을 다 읽은 사람이라도 그 책의 모든 것을 알 수는 없습니다. 자신이 본 것에 대해서 말할 뿐이니까요. 모든 책을 다 읽을 수 없고, 읽는다 해도 읽은 만큼 알 수 없습니다. 그러니 읽지 않은 책에 대해 말해도 됩니다. 잘 모르는 책이나 작가에 관한 이야기가 나오면 환영해야 합니다. 자책보다는 호기심으로 태도를 바꿔봅시다. "지금까지 무엇을 읽었나"라는 한탄은 무기력으로 이어지지만, 호기심은 때로 책 구매로 발전합니다. 일단 장바구니에 넣습니다. 일단 빌립니다. 일단 사둡니다. 표지라도 보겠다는 의지, 책과 가까이 있으면 읽을 수 있다는 믿음을 품어봅시다.

저는 때로 '내 인생의 책' 목록을 사람들과 공유하는데요. 다른 사람의 목록을 보면 그중에서 제가 읽은 책이 별로 없습니다. 같은 인생이 없듯, 같은 '내 인생의 책'도 없더라고요. 제 목록도 다른 사람에겐 낯설겠지요. "저런 책이 있었나? 이런 작가가 있다니?" 놀라움의 연속일지도 모릅니다. 작가나 비평가들의 인생 책 목록도 새롭기는 마찬가지입니다. 책이란 수없는 고민과 좌절에서 찾는 버팀목이기에 인생마다 다른 목록이 만들어지기 마련입니다.

《나는 이런 책을 읽어왔다》(청어람미디어, 2001)외 많은 책을 쓴 작가 다치바나 다카시(1940~2021)를 저는 쭉 좋아했습니다. 그는 고양이 빌딩을 만들어 자신의 책을 보관하고, 책 관리를 할 사서를 모집한다는 신문 공고까지 낼 정도로 어마어마한 독서광이었습니다. 평생 자신이 좋아하는 분야의 책을 탐독하며 글을 쓴 그는 스스로에게 엄격한 학자였습니다. 저는 그의 책을 수집하고 고양이 빌딩을 보러 도쿄까지 가기도 했는데요. 아쉽게도 다치바나 다카시의 책을 읽는 모임은 해보지 못했네요. 이 작가의 책을 함께 읽자고 하면 신청이 있을지 모르겠습니다. 어렵거나 지루하다는 반응이 나올지도 모르겠어요. 그래도 언젠가 다치바나 다카시 전작 읽기를 하겠다는 꿈만은 포기하지 않았습니다.

우리가 알지 못하는, 알면서도 읽지 못한, 아니 사놓고 못 읽은 책은 얼마나 많을까요. 아마 세지 못할 모래알처럼 무수히 쌓여 있을 것입니다. 책보다 중요한 것들은 무수히 많고, 가장 공들여 돌봐야 하는 존재는 책보다 자기 자신입니다. 무지하고 게으르다고 나를 추궁한다면 결코 행복한 책 읽기를 이어갈 수 없습니다. 나 자신과 감응하며 살아가는 태도가 책 읽기보다 우선입니다. 우선 나와 잘 지내야 다른 생각이 들어올 자리도 마련할 수 있습니다. 그 여유를 조금씩 만들어보세요.

아직은 초조하고 여유가 없다면 이런 방법도 눈여겨보세요. 제가 실전에서 얻은 배움입니다. 한 번이라도 사용해보시고 제게 후기를 보내주시면 매우 감사하겠습니다.

[잘 모르는 책이나 작가를 만났을 때]
1. 아는 척도 모르는 척도 하지 않고 들으며 슬며시 메모한다.
2. 말할 순서가 오면 "저는 모르는 책인데요" "처음 듣는 작가인데요"라는 말로 시작해도 괜찮다. 그리고 다음 두 가지에 대해 고민해본다. '할 말이 없는지 / 그래도 할 말이 있는지'
3. 잘 모르는 화제가 나올 때 나만 모른다는 자책감에 빠지지 않도록 집중한다. 자칫 할 수 있는 말도 놓치게 하는 나쁜 습관이다.
4. "조금 더 설명해주세요" "다시 책 제목을, 다시 작가 이름을 알려주세요"라고 부탁해본다. 내 요청이 누군가의 속을 시원하게 해주는 소화제일 수도 있다.

5. 자기 페이스를 유지하는 것을 제1의 원칙으로 한다. 그래야 방전되지 않고 꾸준히 독서 모임을 즐길 수 있다. 잘하는 것만큼, 오래 하는 것도 실력임을 잊지 말자.

낭독을
잘하고 싶다면

"필사는 정독 중의 정독이다." 작가 조정래의 말은 필사를 미루고 싶을 때마다 켜는 조명등입니다. 필사하다 보면 눈으로만 읽으면서 얼마나 많은 것을 놓쳤는지를 비로소 알게 됩니다. 때론 펜 잡기조차 귀찮을 때도 있지만 몇 줄이라도 옮겨 적는 연습을 합니다. 더 챙겨 읽고, 덜 잊는 좋은 방법 중 하나가 필사입니다.

낭독 또한 정독 중의 정독입니다. 낭독은 소리로 하는 필사처럼 문장을 고스란히 실어 나릅니다. 집중력이 떨어진 요즘 독자들에게 권하고 싶은 독서 습관입니다. 물론 목소리와 발음이 신경 쓰인다면 쉽지 않겠죠. 여러 사람 앞에서 낭독해야 한다면 긴장이 되어 고민일 수도 있고요. 밑줄 친 부분을 읽어달라는 진행자의 요구에 몸이 얼어붙는다는 사람들이 의외로 많습니다. 책 읽은 소감이야 이렇게 저렇게 둘러댄다 해도, 낭독을 하는 순간 틀리게 읽으면 어쩌나 하는 불안감이 엄습합니다. 왜냐? 다들 "몇 페이지냐" 하며 책을 펴고 나의 낭독을 기다리니까요. 내가 읽고 있는 내용을 사람들이 눈으로 따라 읽는다고 생각하니 가슴이 두근거립니다. 잘 읽어야 한다는 부담감에 혀가 꼬입니다. 그렇게 긴장하다 밑줄 그은 이유를 말하려니 머릿속이 하얘집니다. 그냥 좋아서 밑줄 그었는데 뭐라고 말을 해야 하나 막막합니다.

물론, 낭독을 피할 방법도 있긴 합니다. "표시를 못 했는데요"라면서 인상 깊었던 부분의 대략적인 내용을 말하면 됩니다. 다들 공감하는 표정으로 들을 거예요.

가끔은 "○○페이지네요!"라며 굳이 좌표를 찍어주는 사람도 나오긴 합니다만. 그런 확인이 고마울 때도 있고 부담될 수도 있어요. 나는 한 부분도 소개 못 했는데 두세 군데를 짚으며 말하는 사람을 보면 부럽기도 합니다. 언젠간 나만의 밑줄을 멋지게 낭독하며 소개하고 싶다는 마음이 더 커집니다.

간혹 모임에서 편안하게 낭독하는 사람을 보게 될 때도 있습니다. 그런 사람들을 주의 깊게 보면 몇 가지 공통점을 발견할 수 있습니다. 아나운서나 성우처럼 멋진 소리까지는 아니라도, '듣기 편한 소리'엔 이런 공통점들이 있으니 다음 페이지의 표를 참고해보세요.

사실 독서 모임에서 낭독하는 시간은 길지 않습니다. 한두 번 정도의 기회가 주어질 뿐이니 그리 부담을 갖지 않으셔도 됩니다. 내가 어떻게 낭독했는지 신경 쓰는 이는 어쩌면 나 자신뿐일 겁니다. 참 피곤한 관객이죠. 잘 읽지 못하면 폐가 될지도 모른다는 걱정은 그저 내가 스스로 만들어낸 부담일 뿐입니다.

오래전, 저는 강의를 잘하고 싶은 마음이 앞서 스스로를 괴롭혔던 적이 있습니다. 아무리 애써봐도 제 강의가 마음에 차지 않아 이제는 그냥 글쓰기만 하고 싶다

[듣기 편한 소리의 특징과 연습 방법]

듣는 이에게 안정감을 주는 항목들	특징	참고와 연습 방법
하나, 호흡의 안정	숨이 느껴지지 않을 정도로 안정감 있게 들림	복식호흡과 지속적인 근력/유산소 운동
둘, 속도의 안정	빠르지도 느리지도 않게 간결하면서도 친절한 속도	일상 대화/토론/회의/발표/강의 녹음을 녹음 다음 날 청취
셋, 발성의 안정	크지도 작지도 않은 적당한 발성	일상 대화/토론/회의/발표/강의 녹음을 녹음 다음 날 청취
넷, 시선의 안정	한 사람이 아닌 여러 사람을 충분히 응시하는 시선	내 대화, 토론, 회의, 발표, 강의 영상을 촬영 후 다시 보기, 또는 영상 말하기를 스스로 제작하고 다시 보기
넷, 종합적인 '마음'의 안정	위 네 요소를 바탕으로 하는 마음의 안정감	낭독 후 감정을 기록하고, 다음 날 다시 읽기

고 토로하는 지경에 이를 정도였습니다. 강의 같은 건 절대로 하기 싫다고, 나와 맞지 않는 일이라고 울어버린 적도 있습니다. 주변의 칭찬도 전혀 귀에 들리지 않았습니다. 그때 이 자리를 떠나버렸다면 저는 어떤 일을 하고 있을까요. 글은 쓰겠지만 독자들 앞에 서는 일을 두

려워하면서 숨어 지내지 않았을까요. 책 쓰고 말하는 일이 저의 천직이 될 줄은 꿈에도 몰랐습니다. 천직이란 운 좋게 당첨되는 복권이 아닌, 부단한 연습과 좌절의 그림자 같은 것이 아닐까 생각합니다. 몇 년간 힘없이 강단에서 내려오던 제가 한겨레교육문화센터에서 가장 오랫동안 '글쓰기' 분야의 수업을 한 작가가 되었네요. 여러분도 아주 조금만 용기를 내보세요. 낭독을 좌우하는 것은 재능이 아닌 연습입니다. 그리고 낭독은 '만남'입니다. 목소리와 목소리가 만나 이루는 공명은 묵독 모임에서는 결코 얻기 힘든 우정이며 가능성입니다. 저는 오늘도 낭독 모임에 다녀오며 한껏 기뻐하는 중입니다.

찰나의 말할 기회,
이렇게 잡으세요

저도 그런 적이 있는데요. 독서 모임에서 다른 사람 말을 듣다 보면 어느새 말은 들리지 않고 내 생각에 빠져들 때가 있습니다. 그러다 보면 할 말도 잊어버리고요. 나중에야 하고 싶은 말이 떠오르니, 왜 적절한 때에 말하지 못했나 속상하죠. 늦게나마 말을 하면 너무 나서는 것처럼 보일까 걱정하다 결국 기회를 놓치기도 합니다. 나만 너무 떠드는 거 아닌가, 나 때문에 다른 사람들이 말을 못 하는 건가 하며 자기 검열도 하면서요. 어쨌든 말할 기회를 놓칠 이유는 작가 무라카미 하루키의 말처럼 "대형 트럭"에 실을 정도로 많을 겁니다. 하루키는 에세이 《달리기를 말할 때 내가 하고 싶은 이야기》(문학사상, 2009)에서 계속 달려야 하는 이유는 아주 조금이지만 달리기를 그만둘 이유는 대형 트럭에 가득하다고 말한 바 있지요. 말하기도 마찬가지입니다. 말할 기회를 놓칠 수밖에 없는 수많은 이유가 있는 것이죠.

그렇더라도 우리는 찰나의 말할 기회를 잡아야 합니다. 다른 사람의 생각을 듣다 할 말이 생기면 우선 말을 끌고 나가야 합니다. "저는 이렇게 생각합니다." "듣다 보니 이런 생각이 떠오르네요." "잘 들었는데 저는 조금 다르게 봤거든요." 이런 말들로요. 그렇게 말을 끌고 갈 수 있을 때 시야와 사유는 한층 넓어집니다. 단답형으로 끝내기보다는 좀 더 자세히, 조금은 색다르게 말해봅시다. 확장된 말, 새로운 말, 낯선 말, 다른 말, 깊은 생각으로 이어지는 말은 그 자체로 독서 모임에서 좋은 질문의 역할을 하기도 합니다.

　물론 내 순서가 되어야 말이 풀리는 사람이 대부분이니 말할 기회를 나서서 "잡기"란 쉬운 일이 아닐 수 있습니다. 어릴 때부터 말하려고 손을 드는 습관이 없었던 사람이라면 더욱요. 어쩌면 일생 손 들고 말해본 경험이 없는 사람도 있을 겁니다. 그런 사람들은 못 한 말에 대해 아쉬움을 조금 느끼더라도 금세 그 아쉬움을 털어버리죠. 괜히 나서서 주목받는 것보다는 가만히 있는 게 편하니까요. 이런 상태가 계속되면 정작 필요할 때 해야 할 말을 못 하게 됩니다. 오해받아도 설명하지 못하고, 질문에 정확히 답하지 못한 채 얼버무리고 마는 상황이 이어집니다.

　당장 오늘부터라도 다른 사람의 생각에 말을 보태는 연습을 해야 합니다. "저요" "제 생각은요"라고 나서는 연습이지요. 누가 굳이 시키지 않아도 말입니다. 모임 진행자가 "보탤 의견 있으신가요?"라고 물으면 정적이 흐르곤 하니, 이럴 때 "짧게 제 의견을 말씀드리면요"라고 시작하는 겁니다. 대단한 말이 아니어도 되고 앞에 들은 이야기의 재방송이어도 됩니다. 가장 중요한 연습은 '손 들기'입니다. 이는 바로 자발적으로, 능동적으로 대화에 참여해 말할 기회를 잡아보는 경험이니까요.

저는 얼마 전 친구와 네 시간 넘게 카페에서 대화했습니다. 코로나를 겪으며 메신저 대화가 일상이 되니 선뜻 먼저 만나자는 말을 하지 않게 되더라고요. 집안 문제로 힘들어하던 친구는 자신의 이야기를 꺼내기 시작했습니다. 제가 아는 것도 있었지만 처음 듣는 상황도 있었습니다. 충격적이었지만 담담하게 들으려 노력했습니다. 친구도 용기를 내어 말하고 있는 것처럼 보였습니다. 그러나 듣기만 하려니 답답했습니다. 문득 친구에게 필요한 것은 하소연, 그리고 대화 상대의 질문이라는 생각이 들었습니다. 아무리 마음껏 말하더라도 혼자서만 하소연하다 보면 신세 한탄이 되고 나중에 후회가 밀려올 수도 있겠죠. '왜 내가 괜히 그런 말까지 했을까' 하고 자책하는 마음도 들고요. 그래서 저는 독서 모임의 '말 보태기'를 활용해봤습니다. 대화 중간마다 쉼표를 찍는다는 생각으로 질문을 건넸습니다. 그 질문들은 친구와 저의 관계를 지속시키기 위해 제가 '쟁취'해야 했던 '말할 기회'였습니다. 집에 오는 길에 메모해보니 꽤 다양한 방법으로 질문했더군요.

"너무 힘들었겠다. 그런데 어머니는 왜 입원을 안 하시는 거야?"

"남편도 이제 건강해졌다니 다행이다. 그런데 넌 몸이 좀 어때?"

"그런 일이 있었다니 나도 너무 마음이 아파… 너도 힘들다고 가족들에게 말해봤어?"

"책이라도 읽을 수 있어서 다행이다. 전처럼 독서 모임에 나가고 있는 거야?"

"전보다 상황이 더 나빠졌었구나… 그래도 이렇게 나온 거 보면 조금은 나아진 거지?"

친구의 어려운 상황에 다가가는 데 용기가 필요했지만 말할 기회를 열심히 잡았습니다. 어느새 친구와의 대화는 점점 풍성해졌고 결국 웃으며 헤어졌습니다. 힘들었던 순간만큼 좋았던 순간도 많았고 그래도 웃으며 말할 수 있으니 괜찮다며, 다음에 만나면 더 많이 웃자고 포옹하고 헤어졌습니다. 저는 낯가림이 심한 편이고 일대일 대화에 익숙지 않은 사람입니다. 단둘이 있으면 어찌할 줄 몰라 여럿이 함께 모이는 독서 모임에 나가는 사람입니다. 그런 저도 이만큼 발전했으니 여러분도 얼마든지 말할 기회를 잡을 수 있습니다. 그간 놓친 기회에 연연하지 말고 오늘부터 더 자주 말할 기회를 잡아보세요. 내가 달라지면 관계에도 변화가 옵니다.

가끔 20년, 30년 지기 친구와 절연했다는 사람들을 봅니다. 주된 이유 중 하나가 '감정 쓰레기통'이 된 것 같다는 사연입니다. 친구의 하소연을 듣기만 하는 입장이었다고요. 지나고 보니 가스라이팅(gaslighting, 타인을 위한다는 명목으로 심리나 상황을 조작해 그 사람을 통제하고 조종하는 일)을 당했다는 생각에 억울함이 밀려온다고요. 사실 여러 번 말할 기회는 있었지만, 친구가 말을 듣지 않고 화를 내서 듣기만 했다고요. 우리를 힘들게 하는 것은 그처럼 말할 기회를 잡을 수 없는 관계일 겁니다. 건강하지 못한 관계를 어찌하지 못해 고민인 분이라면 제 이야기가 조금은 도움이 되지 않을까 합니다. 우리는 차분히 말해야 합니다. 자주 말할 기회를 잡아야 합니다. 구체적으로 말해야 합니다. 나는 당신과 다르게 생각한다고.

당신의 타고난 목소리로
충분합니다

"마음에 들지 않네요…" 자신의 글에 대한 평가는 늘 냉혹합니다. 다른 사람의 글은 칭찬해도 스스로에겐 좀처럼 후한 점수를 주기 힘들죠. 전신 거울에 자신을 비춰보는 일도 나이가 들수록 점점 꺼려집니다. 자신의 목

자신의 목소리마저 마음에 들지 않는 이현 씨는, 그래서 주로 듣는 편이라고 했습니다. 코로나 후유증을 앓은 후 더 저음이 되었다는데요. 목소리가 허스키하다는 말에 기분이 나빠지곤 했으니 지금은 더 가라앉았습니다. 목소리도 몸도 마음도요. 말을 아끼다 보니 소리까지 작아져 "뭐라고?" "다시 말해줄래요?"라는 말을 듣습니다. 자신의 내면에 있던 한 스푼의 자신감마저 사라져버렸지만 독서 모임만은 계속 나가고 싶다고 털어놓는 이현 씨의 가라앉은 목소리가 헤어진 후에도 귓가에 맴도는 것 같았습니다. 그날 저는 〈Spiegel Im Spiegel〉라는 곡을 들었습니다.

'거울 속의 거울'이라는 뜻으로, 에스토니아 작곡가 아르보 패르트가 쓴 아름다운 연주곡입니다. 소설 《모모》(비룡소, 2024)를 쓴 독일의 동화작가 미하엘 엔데의 단편집 《거울 속의 거울》(에프, 2016)에서 따서 곡의 제목을 지었다고 합니다. 아르보 패르트는 '침묵과 고요'를 예술로 끌어 올린 작곡가로 알려져 있는데요. 그의 곡 〈Spiegel Im Spiegel〉은 고요와 침묵의 정수를 음악으로 전하는 아름다운 작품입니다. 고요한 시간을 잘 보내는 사람은 우레 같은 갈채를 받는 데 집착하지 않습니다. 주목받지 않아도 평화롭습니다. 〈Spiegel Im Spiegel〉라는 곡에 담긴 아르보 패르트의 선율 또한 고요합니다. 반복되는 구간의 슬픔이 절정에 달하는 듯하다가도 원래의 자리로 돌아옵니다. 마치 견딜 수 없는 고통 후에 찾아오는 한 줌의 고요처럼 말입니다. 소련 치하에서 혼란스러웠던 에스토니아를 떠나기 직전에 만든 곡임에도 그는 감정의 기복이 아닌 침묵으로 평화를 염원했습니다. 한 문장조차 쓸 수 없는 날 저는 이 곡을 듣습니다. 그러면 이내 부질없는 욕심과 평가의 덫에서 빠져나올 힘을 얻곤 합니다.

목소리도 그런 음악과 같습니다. 많이, 크게 말하기보다 적게, 고요하게 말하기를 택할 때 더 아름다운 목소리가 있지요. 목소리란 타고난 울림이며 신호입니다. 내가 세상에 가지고 나온 나만의 색깔입니다. 만약 소리가 달라진다면, 내가 아닌 다른 존재가 되는 것입니다. 나를 부정하고 다른 이가 되려고 애쓴다면 그보다 고통스러운 삶이 또 있을까요. 내 고유의 고요와 침묵을 느껴볼 생각도 하지 못한 채 평가에 집착하는 피곤한 일상을 반복하게 될 것입니다. 목소리에 담아야 할 것은 기술이 아닌 마음이 아닐까 합니다. 복식호흡이나 보컬 트레이닝으로 본격적으로 목소리를 다지는 노력을 해볼 수도 있지만, 너무 안간힘을 쓰다 보면 지치고 맙니다. 그보다는 내 고유의 소리를 보듬고 아끼는 시간이 필요합니다. 소리란 내가 너에게 가닿겠다는 마음입니다. 진실한 마음이 전달되리라는 믿음을 키우는 일이 먼저입니다.

세상은 나에게 강하고 큰 소리를 요구할지도 모릅니다. 하지만 내가 원래 작은 소리를 타고난 존재라면 어떻게 해야 할까요. 무작정 큰 소리를 내려 하기보다는 작은 소리에 담을 수 있는 느낌들을 찾아봅시다. 이 다양한 느낌들은 작을지 몰라도 의외로 강한 힘을 지니고 있습니다.

속삭이는 다정함
은근한 느낌표들
편안한 눈빛과 표정
나직한 단어와 문장들
고요한 응시와 침묵의 리듬

크고 분명한 소리를 가진 사람에게는 없는, 작지만

강한 힘을 스스로에게 찾아주는 여행을 시작해보면 어떨까요. 말이 어눌해서, 목소리가 작아서 말을 하기보다는 들으며 살아왔을지도 모릅니다. 말하고픈 욕구가 억눌려 불안하고 초조할 수도 있어요. 자기 스스로 짊어진 "잘 들어주는 좋은 사람" 딱지를 떼기가 쉽지 않지요. 하지만 말을 많이 한다고 해서, 언제나 만족하는 것은 아닙니다. 충분히 말하고 공감받았다는 느낌을 얻지 못하고, 다음엔 꼭 필요한 말만 해야겠다고 생각하는 경우가 많습니다. 쉽게 달라지지 않는 자신에게 실망하기도 하죠. 내 목소리와 말하기에 대한 욕구는 이처럼 제각각입니다. 인간의 욕구란 지평선처럼 끝없이 펼쳐져 있습니다. 그러니 외면하기보다는 건강하게 해소하고 화해하려는 노력을 시작해보세요. 그 욕구와 일찍 화해한 사람은 자신의 목소리와 말을 평가하지 않습니다. 오늘부터라도 나와 화해하는 고요의 시간을 늘려보면 어떨까요. 내 생각을 말하는 나의 타고난 목소리를 더 편안하게 받아들일 수 있을 거예요.

자신감까지 붙잡아주는 호흡의 비밀

우리의 목소리는 호흡을 타고 전해집니다. 호흡의 상태에 따라 소리도 달라집니다. 어떤 강의에서 매우 긴장했던 적이 있습니다. 긴장으로 호흡이 가빠지자 입안이 건조해지기 시작했고 숨이 원활하게 쉬어지지 않았습니다. 점점 목소리가 작아지고 쉰 소리가 나와 몹시 당황했는데, 그 사실을 의식하고 우선 긴장을 풀려고 마음을 가라앉혔습니다. 놀랍게도 긴장이 풀리자마자 소리가 돌아왔습니다. 그때까지 의식하지 못했지만, 말할 때 안정적으로 호흡하는 것이 굉장히 중요하다는 사실을 체험할 수 있었습니다.

어느 낭독 모임이었습니다. 한 분이 낭독하다 잠시 쉬었다 하겠다고 했습니다. 각자 맡은 분량이 짧았기에 무슨 일일까 싶었는데요. 갑자기 호흡이 가빠져 낭독하기 어렵다고, 가슴이 뛰어 더 이어가기가 어렵다고 했습니다. 회사에서도 발표할 일만 생기면 숨이 잘 안 쉬어지고 목소리가 기어들어가 발표를 기피하곤 했다고 합니다.

숨이 가빠지는 것, 목소리가 줄어드는 것 모두 긴장감이 엄습했다는 신호입니다. 몸이 먼저 알아차리는 것이죠. 매번 숨이 가빠지는 사람은 차분히 말을 시작해도 결국엔 속도가 빨라지고 호흡까지 거칠어집니다. 중간에 침 삼키는 소리도 들리고, 어떤 분은 딸꾹질까지 합니다. 당황해서인지 서둘러 마무리하는 모습을 볼 때 뭔가 도움을 드리고 싶어 잠시 고민을 하기도 합니다.

제가 진행자일 때는 잠시 숨 돌릴 시간을 드리고 5분 이내로 다시 말할 기회를 드립니다.

"아까 못다 하신 이야기가 있을 것 같아요. 편안하게 들려주세요."
"아까 말하려다 못 한 말이 있을까요. 편안히 말씀해주세요."
"조금 전에 하시던 말씀을 조금 더 해주셔도 좋습니다. 편안히 들려주세요."

물론 이런 저의 제안에 더 놀라서 어찌할 바를 모르는 분도 있기 때문에 말하기 전에 괜찮아 보이는지 잘 살핍니다(정말이지 진행이란 쉽지 않습니다). 상대가 제 신호를 받아들일 수 있는지 없는지 관찰하는 것입니다. 독서모임 진행을 하다 보면 듣기→생각하기→말하기→요약하기→질문하기→공감하기를 오가게 됩니다. 오랜 시간 모임 진행을 해왔으니 진행자의 말은 숙련된 편입니다. 물론 처음부터 잘한 것은 결코 아니지만요. 제 진행을 녹음해서 듣기를 반복하다 보니 글을 고치는 퇴고처럼 말하기도 다듬고 보완하게 되더군요. 다음 번 녹음은 조금 더 편안하게 듣고 싶다는 마음이라고 할까요.

제 첫 책 《첫 문장의 두려움을 없애라》(청림출판, 2011) 출간 후 첫 강연 때였습니다. 100여 명의 독자가 몰렸다는 사실을 알고 밤잠을 이루지 못했습니다. 거의 수명이 단축되는 듯한 공포감에 시달렸습니다. 무대에 오르자마자 입에 침이 마르고 호흡이 거칠어지기 시작했습니다. 창문에서 뛰어내리고 싶은 충동마저 느꼈습니다. 저는 어느 작가의 조언을 떠올리며 겨우 버틸 수 있었습니다. "당신이 아무리 최선을 다한다 해도 모든 청중이 만족할 수 없으며, 단 한 명의 삶에 변화가 있다 해도 그것은 좋은 강의다." 법륜 스님이 한 상담에서 건넨 조언도 되새겼어요. "제가 강의를 하면 많은 사람들이 오는데, 쉬는 시간이 되면 또 빠져나가요. 그때 제 강의가 별로여서 나갈 수도 있지만, 집에 가스불을 끄지 않고 온 게 생각났거나 배가 아파서 갈 수도 있는 거예요. 모든 잘못을 자신에게만 몰아붙일 필요는 없어요."

제 잘못이라 해도 어쩔 수 없는 일이고, 잘못이 아닐 수도 있으니 호흡이 불편해질 정도로 긴장하지 않기로 마음먹었습니다. 세상에 완벽한 사람은 없고, 누구나 계속되는 실수를 감당하며 살고 있으니까요. 물론 저 역시 아직 호흡이 그리 깊진 않습니다. 제가 그간 호흡을 단련시키려고 해온 연습들을 모아보니 다섯 가지나 되네요.

    하나. 화성악 공부 (오페라 연습)
    둘. 아쉬탕가 요가와 하타 요가 (숨, 호흡)
    셋. 근력 운동과 달리기 연습 (체력 향상)
    넷. 보컬 트레이닝 (가요와 팝, 숨의 리듬)
    다섯. 녹음 다시 듣기 (토론/대화/강의 모니터링)

꾸준한 호흡 단련이 필요했습니다. 저처럼 강연에서 말하는 사람에게는 더욱요. 갈라지거나 쉰 소리를 들려주게 되면 서로가 괴로울 테니까요. 평소에 호흡을 깊이 하고 싶다면 유튜브에서 '아쉬탕가 우짜이 호흡 연습'을 찾아보세요. 저 같은 경우엔 기상 후 또는 잠들기 전 호흡을 단련하면서 목소리에 힘이 생긴 것 같습니다. 개인차는 있겠지만 저에겐 큰 도움이 되었어요. 이런 호흡과 관련해 제가 도움받은 유튜브 채널 이름은 'Blue Aster'로, 책 《아쉬탕가 요가의 힘: 키노의 프라이머리 시리즈 완벽 가이드》(침묵의향기, 2017)의 저자 키노 맥그레거가 지도하는 영상 시리즈입니다. 키노 맥그레거는 '마이애미 라이프 센터'를 설립하여 아쉬탕가 요가의 매일 수련, 워크샵, 집중 수련을 지도하고 있다고 하네요. 신체를 단련하는 것이 말을 잘하는 것에도 도움이 된다니 신기하죠. 운동이 독서 모임을 즐기는 데 도움이 된다고 생각하면 좀 더 즐겁게 할 수 있을 거예요.

독후 소감만큼 흥미로운 참여 소감 말하기

독서 모임의 말하기와 관련해 꼭 소개하고 싶은 것은 참여 소감 말하는 법입니다. '소감이야 아무렇게나 말하면 되지, 따로 방법까지 알아야 하나?' 하고 궁금해하실 수도 있을 텐데요. 의외로 참여 소감이 어렵다, 좀 정리된 말을 하고 싶다는 분들이 많았습니다. 늘 "다양한 생각을 들어 좋았습니다"라고 말하는 게 다라고 말이죠. 항상 다음 같은 소감들만 빙빙 맴도는데 조금 벗어나고 싶다고요.

- 다양한 생각이 많아 좋았습니다.
- 다양한 생각을 들을 수 있어 좋았습니다.
- 다양한 생각을 들으며 놓친 부분을 알 수 있어 좋았습니다.
- 다양한 생각을 들으니 시야가 넓어지는 것 같아 좋았습니다.
- 다양한 생각을 들으니 생각이 확장되어 좋았습니다.

한 번쯤 독서 모임에서 말해본 소감들이죠? 저도 그간 참 많이 들었던 소감들입니다. 여기서 조금 나아간다면 이런 '발견형' 소감도 있습니다.

- 같은 책을 읽었는데 다르게 볼 수도 있구나 싶어 좋았습니다.
- 제가 놓친 부분이 얼마나 많은지 알게 되어 좋았네요.

- 저와는 다른 생각을 들을 수 있어 좋았습니다.
- 같은 부분을 다르게 읽을 수도 있다는 걸 알게 되어 좋았습니다.
- 저처럼 읽은 사람들이 많을 줄 알았는데, 다르게 볼 수도 있다는 사실을 배워 좋았습니다.

요지는 비슷하지만 형태는 조금씩 다른 말들입니다. 물론 다 담지 못한 뜻이 있다는 것을 모두가 알고 있습니다. 그도 그럴 것이, 이제는 마무리를 하고 돌아가야 하니까요. 왠지 시간을 오래 끌면, 구구절절 말하면 안 될 것 같아 모두들 엇비슷하게 말하는지도 모릅니다. 청소년 독서 모임의 소감은 더욱 비슷한 말이 오가는데요. "다른 생각을 들을 수 있어 좋았습니다"를 조사까지 똑같이 반복하는 모임도 있습니다. 성인 독서 모임에서는 이런 말도 나옵니다.

- 저도 거의 비슷한데요.
- 앞에서 다 나온 것 같은데요.
- 먼저 소감을 말할 걸 그랬어요. 앞에서 제가 할 말을 다 하셔서요.

• 저도 비슷한데요…

　재방송이 시작되리라는 예고를 틀기라도 한 것처럼 뭔가 기운이 좀 꺼지는 말 아닌가요. 저는 이런 말들 후에는 뭔가를 기대하지 않게 됩니다. 급기야 참여 소감이 아닌 '독후 소감'을 말하는 사람도 나타납니다. 모임이 어땠는지 나누는 시간인데 갑자기 책 읽은 소감을 다시 말합니다. 역시 일종의 재방송인데요. 그럴 때 진행자가 "오늘 모임은 어떠셨나요?"라고 묻기도 하지만 시간에 쫓길 때는 그냥 넘어갑니다. 결국 그 사람의 참여 소감은 못 들은 채로 말이죠. 문제는 이 독후 소감이 꽤 길다는 것입니다. 분명 모임 도중에 이미 말한 내용인데 모임을 하면서 생각이 정리되다 보니 더 긴 말을 하고 싶어졌나 봅니다.

　이런 일이 반복되는 모임의 마무리를 바꾸고 싶다면 이런 방법을 써봅시다. 참여 소감은 독서 모임의 마지막 마지막 단추이니 잘 채우면 한결 즐거운 모임으로 남겠죠. 그러기 위해 '서로의 말에 밑줄 긋기'를 하면 어떨까요. 다른 누군가가 한 말을 다시 말하는 것입니다. 즉 '모임을 하며 기억에 남은 한마디'를 말하기입니다.

생각이 안 나면 어떡하나 걱정을 하거나 누군가의 말을 다시 언급한다는 게 쑥스럽다고 하는 회원들도 있을 수 있습니다. 그럴 땐 '내 말을 누군가 기억해준다'고 생각하며 말해보도록 권하면 됩니다. 사실 꽤 기분 좋은 일이랍니다. 아래의 표에 그 방법을 간략하게 정리해두었으니 다음 모임에서 한번 해보세요.

최근 "다른 분들이 소개한 밑줄 그은 문장이 저와 세 번이나 겹치니, 마치 복권에 당첨된 것처럼 기뻤어요"라는 소감을 들었습니다. 참여 소감을 잘 말하고 싶

[서로의 말에 밑줄 긋는 모임 소감]

말에 밑줄 긋기	소요 시간	말하는 법	기억 도구
같은 밑줄 다른 생각	2분 내외	밑줄을 말한 후(페이지) 소감 보태기	키워드 또는 문장 메모 밑줄 메모
다른 밑줄 새로운 생각	2분 내외	밑줄을 말한 후(페이지) 소감 보태기	키워드 또는 문장 메모 밑줄 메모
고정관념을 깨준 생각	1분 내외	다른 사람의 말을 떠올리고 소감 보태기	키워드 또는 문장 메모
기억하고 싶은 한마디	1분 내외	다른 사람의 말을 떠올리고 소감 보태기	키워드 또는 문장 메모

다면, 하나만 기억하면 됩니다. 감사하는 마음. 아주 작은 순간 하나라도 발견하고 감사하는 마음으로 소감을 말하면 서로 간의 친밀감이 차츰 두터워집니다. 그러다 아쉬운 점이나 제안이 떠오른다면 부드럽게 말하면 됩니다. 더 나은 모임을 만들어가는 생각이니, 두려움 없이 꺼내도 좋습니다. 다음 모임에서 여러분이 어떤 참여 소감을 할지 벌써 궁금해집니다. 저는 제 소감을 기록해 두는 편인데, 사람들의 인상 깊은 참여 소감을 만나면 다음 페이지 표처럼 모아둡니다. 여러분의 참여 소감에 도움이 되길 바랍니다.

[독서 모임 참여 소감 모음]

모임 날짜	모임 장소	도서명	참여 소감
2024. 1. 9	zoom (비대면)	[토론 모임] 찬다 프레스코드-와인스타인 《나의 사랑스럽고 불평등한 코스모스》	지금까지 읽어온 과학 책들이 백인 남성들의 책이었음을 알게 되었다. 일곱 개 넘는 논제로 꽉 채워 토론하니 과학 책 읽기의 재미를 재발견했다.
2024. 3. 19	카페 느티 (을지로)	[토론 모임] 클라우디아 피녜이로 《엘레나는 알고 있다》	모성에 대해 더 깊이 이해한 모임이었다. 작가가 말하는 모성의 세 가지 속성을 깊이 토론한 점은 큰 소득이다.
2024. 2. 13	숭례문학당 (세종대로)	[토론 모임] 조지 손더스 《작가는 어떻게 읽는가》	조지 손더스의 소설을 좋아하는데, 강의록을 읽으니 더 좋아졌다. 진행자가 준비한 논제에서 투르게네프, 톨스토이에 대한 조지 손더스의 견해가 흥미로웠다.
2024. 4. 4	zoom (비대면)	[낭독 모임] 오정희 단편 〈하지〉 《바람의 넋》 중	낭독하니 놓친 부분이 보여 좋다. 다른 사람의 육성으로 듣는 명문장의 참맛. 낭독에 그치지 않고 편안하게 대화하니 토론의 재미까지 덤이다.

잘하려는 마음 때문에
말이 점점 두려워지는 당신에게

얼마 전부터 알게 된 독서 모임 회원 설이 씨는 어릴 때부터 실수를 두려워했다며 속내를 털어놓았습니다. 부모님이 매우 엄하셨고 집안은 대화가 거의 없는 분위기였다고 합니다. 그런데 그녀의 오빠는 늘 당당한 편이라

타고난 기질이 아닐까 생각한다는 말도 덧붙였습니다. 책을 좋아하면서도 글쓰기는 싫고, 독서 모임엔 나가지만 거의 듣기만 하다 오는 편이라니 실수를 두려워하는 것 같다고 그녀는 말하더군요. 어떻게든 실수를 줄일 수 있다면 무채색의 존재로 있는 편이 낫다고요. 회사 생활에서도 이런 성향이 드러나곤 한답니다. 동료나 상사에게 지적받지 않으려고 눈치를 살피고 마감 기한을 지키느라 기진맥진한다고요. 불면증도 심해 조금이라도 자려고 술을 마신다고 하니 피로가 가실 날이 없겠지요. 설이 씨는 성실하다, 꼼꼼하다는 말을 늘 들어왔다고 합니다. 무엇이든 미리 해두어야 마음이 편하니 그렇게 보였겠지요. 그런 그녀를 성실하고 부지런하다고 마냥 칭찬할 수는 없을 것 같습니다. 너무도 지쳐 보였으니까요. 누구에게도 자신의 상황을 솔직하게 말하지 못한 채 말입니다.

독서 모임에서도 긴장은 계속되었다고 합니다. 어쩐지 모임마다 말이 많지 않은 설이 씨였어요. 어떤 실수가 두렵냐고 물으니 수첩을 꺼냈습니다. 말하지 못한 것들을 틈틈이 기록한 메모였습니다. 설이 씨가 꺼낸 고민을 추려보니 다섯 가지였습니다.

하나, 말할 순서가 되면 긴장이 되고 쓸데없는 말을 할까 두려워요.

둘, 다른 사람들에 비해 독서 모임 경험이 짧아 밑천이 드러날까 두려워요.

셋, 모임에 폐가 되는 불필요한 말을 할까 걱정이 돼요.

넷, 말만 시작하면 긴장이 되어 마무리를 못 할까 봐 머릿속이 하얗게 됩니다.

다섯, 말을 하면서도 계속 '이게 아닌데'라는 생각 때문에 다음에 할 말이 생각이 안 나요.

설이 씨는 잘하려는 마음이 너무 앞서다 보니 말이 점점 두려워진 것이었습니다. 언젠가부터 말하기보다는 듣는 사람이 되었다니, 그동안 쌓인 말들이 얼마나 많았을까요.

전하지 못한 말은 해묵은 감정으로 남을 때도 있습니다. 자신의 감정을, 입장을, 상황을 잘 전달하지 못했다는 아쉬움은 자신을 괴롭히기 마련입니다. 아쉬움이 커질수록 다른 사람처럼 자신감 있게, 당당하게, 명료하게 자신을 표현하고 싶어지기 마련입니다. 오해받고 싶지 않다는 말은 이해받고 싶다는 말의 유의어입니다. 결국 그 말은 좋은 관계를 맺고 싶다는 욕구이며, 나은 사람이 되고 싶다는 마음입니다. 독서 모임은 그 마음을 고스란히 꺼내 보여도 안전한 자리입니다. 평가나 지적 없는 우정과 환대의 시간입니다. 실수할까 두려워 늘 켜놓았던 조바심 스위치를 잠시 꺼두어도 좋습니다. 갑갑했던 단추를 풀고 느슨하고 편안한 차림으로 듣고 말하는 여백의 만남입니다.

독서 모임을 찾아온 사람들은 '평가하는 세계'와 잠시라도 멀어지고 싶어 합니다. 평가하고 평가받는 모임 밖의 삶을 잊고 책 이야기만 마음껏 하려는 사람들입니다. 그러니 적어도 독서 모임에서는 '실수'와 '평가'라는 단어를 잊기로 합시다. 내가 무슨 말을 했는지 기억하려 하지 않아도 됩니다. 다른 이의 말을 굳이 복기하지 않아도 괜찮습니다. 가슴에 남는 한 줌의 감정이라도 있다면 충분합니다. 그렇게 우리는 다음 독서 모임에 나갈 여유를 간직하고 귀가합니다.

오늘도 저는 여러분의 독서 모임을 응원하고 있습니다. 독서 모임 다녀온 이야기를 듣고 싶어 서성입니다. 독서 모임은 해방이며, 발견입니다. 지속 가능한 독서 모임을 위하여 우리 마음껏 실수해보아요.

독서 모임, 평가가 아니라
공감을 받는 자리입니다

몇 년 전의 일입니다. 제 인생의 중요한 결정이 있어 블로그에 글을 올렸습니다. 고심을 거쳐 다듬은 끝에 올린 글이었습니다. 축하한다는 댓글이 많아 기뻤습니다. 그런데 몇 명은 제가 올린 책 표지만 보고, 독서 모임을 신청한다는 댓글을 달았습니다. 그 글은 독서 모임 공지가 아니었는데 말이죠. 저는 그때 알게 되었습니다. 사람들은 결국 읽고 싶은 것만 읽는다는 사실을 말입니다. 다른 사람의 글을 읽는 것 같지만, 스스로의 욕구와 관심에서 벗어나기란 정말 어려운 것 같습니다. 이후로는 말할 때 다른 사람을 덜 의식하게 되었습니다. 제가 어떤 말을 해도 듣는 쪽은 자기 입장이 먼저일 테니까요. 결국 저를 평가하는 건 저 자신이지 다른 이가 아니었습니다.

내가 책에 대해 이렇게 말을 하면 다른 사람이 어떻게 볼까 신경이 쓰인다는 고민을 털어놓는 분들이 많은데요. 그럴 땐 자신이 듣는 입장일 때는 어땠는지 떠올려보세요. 의외로 세부 사항을 놓치는 등 잘 듣지 못하는 데다 내용을 따라가기 급급해서 평가 같은 건 어렵지 않던가요. 다른 이로부터 평가받는 것이 두렵지만, 막상 남을 평가하라고 하면 그 또한 어렵죠. 그 평가가 또 어떻게 평가받을까 고민이 되기도 하고요.

"남들에게 어떻게 보일까?"라는 걱정 안에는 무슨 의미가 숨어 있을까요. 제가 그간 관찰하다 보니 이런 의미들이 담겨 있음을 알 수 있었습니다.

[독서 모임에서 이렇게 보일까 신경 쓰여요]

신경 쓰이는 항목들	고민의 요소	영향을 미치는 심리
내 수준	• 교양과 지식의 부족 • 짧은 독서 이력	좋은 평가를 받고 싶다는 욕구
내 취향	• 개인적인 취향 • 까다로워 보이거나 유별나 보일까 봐 걱정됨	주목 받고 싶지 않은 마음
내 말투	• 어눌한 말이나 횡설수설하는 습관 • 작은 목소리나 사투리, 얼버무리는 태도	튀고 싶지 않다는 욕구
내 관점	• 나의 부정적인 경향이나 좁은 시야 • 정치적·종교적 관점	유별나 보일까 하는 자기 검열

모두 소심한 성향에서 비롯된 고민일까요? 반드시 그렇진 않습니다. 크고 작은 경험이 준 영향도 고려해야 합니다. 살면서 공감과 인정을 "충분히" 받아보지 못했다면 어느새 이런 걱정들이 "툭" 하고 튀어나옵니다. '내가 이렇게 말하면, 이렇게 보이지 않을까?'라는 생각에 사로잡혀 초조하고 불안한 감정에 휩싸입니다. 이런 고민들을 해소하려면 편안한 독서 모임의 경험을 쌓

으면 됩니다. 자꾸 자기 생각을 말하는 상황에 자연스럽게 익숙해지는 것이죠. 그러면 평가에 집착하는 경우가 점차 줄어들고 모임을 즐기게 됩니다.

한 모임을 꾸준히 해도 좋고, 두세 개의 모임을 병행해도 좋습니다. 두려움과 긴장감이 줄어들 때까지 참여 횟수를 늘려보세요. 책이 좋아서 모인 사람들입니다. 말하기를 잘해서 온 것은 아닙니다. 오히려 말수가 적고 내향적인 분들이 많기에 다들 말하기를 어려워할 수 있어요. 그런 마음을 서로 보듬고 배려하며 듣는 시간이 독서 모임이 아닐까요.

저는 말하기만큼 듣기가 어렵다고 생각하기에, 제가 어떻게 보일까보다 무엇을 어떻게 들었나를 돌아보는 편입니다. 제 말을 그리 많은 이들이 기억하거나 평가하지는 않는다고 생각해요. 그보다는 메모를 다시 보거나 후기를 쓰며, 오갔던 말들을 되돌아보는 시간을 좋아합니다. 저는 어쩌면 후기형 인간이며, 모임 후의 다음 모임을 애타게 기다리는 '독서 모임광'일지도 모르겠어요. 여러분도 머지않아 자신을 소중히 여기는 마음을 안고 독서 모임에 갈 수 있게 될 겁니다.

독서 모임에서 만나는
이런 순간들

민감한 모임 현장, 이럴 땐 이렇게

4

유창하지 못한
말솜씨를 대하는 자세

'독서 모임'이라는 낯선 세상에 처음 발을 내딛던 날, 저는 말 잘하는 사람을 만났습니다. 본문 예시를 들며 맛깔나게 묘사하는 그를 보는 것만으로도 저는 가슴이 뛰었습니다. 책이 살아 숨 쉬는 느낌이었고, 마치 제가 무언가 배우고 있다는 기분마저 들었습니다. 때로는 그가 모임에 나오지 않으면 어쩌나 가슴을 졸이기도 했습니다. 간결하고 명료한 그의 말에는 핵심이 들어 있었습니다.

"지금까지 제가 읽은 노벨상 수상작 중에서 가장 재미있었습니다. 3대 가족사인데도 이야기가 복잡하지 않아 도미니카 공화국의 역사를 모르는 독자도 따라가기 쉽죠. 그런데도 전쟁의 폐해를 고발하는 주제는 날카롭게 전달되어 좋았습니다. 다시 읽을 때마다 다른 결이 느껴질 좋은 작품입니다."

그의 취향과 관심사가 도라야키 안의 찰진 앙금처럼 단숨에 느껴지는 맛난 말이었습니다. 저라면 구구절절 장황하게 늘어놓으면서도 정작 구체적인 말은 꺼내지 못했을 테니 부러울 뿐 아니라 신기하기도 했습니다. 저도 그처럼 요점을 말하고 싶어졌고, 다른 사람의 시간을 낭비하게 하는 말은 되도록 삼가야겠다는 결심까지 하게 되었습니다.

그러다 부작용이 생겼습니다. 말을 평가하기 시작

한 것입니다. 그의 멋지고 명료한 말하기 방식이 제 기준이 되어버린 것이 화근이었던 겁니다. 특히 발음이 안 좋거나, 목소리가 작거나, 말끝을 얼버무리는 경우를 보면 집중력이 확 떨어졌습니다. 특히 코로나 시절, 비대면 독서 모임이 늘어났을 땐 안 들리는 말이 더 많았습니다. 네트워크를 타고 전달되는 말들은 수시로 끊어지고 사라져 말꼬리가 희미해졌습니다.

    독서 모임에서 만난 지나 씨의 고민을 듣다 보니, 그녀 역시 발음이 불분명했고 부끄러워하는 모습을 보였습니다. 마치 다자이 오사무의 소설 《인간 실격》(민음사, 2004)에 나오는 '요조'처럼 말입니다. "부끄러움 많은 생애를 보냈습니다." 요조 스스로 '부끄러운 생'이라 불렀던 것은 바로 '인간의 삶'이었습니다. 결국 부끄러움이란 삶에서 비롯되는 감정입니다. 부끄러움에서 해방되어 스스로 서는 삶을 살아가려면 우선 자기 자신에 대한 이해가 필요합니다. 소설가 마루야마 겐지는 산문집 《인생 따위 엿이나 먹어라》(바다출판사, 2004)에서 "사람은 누구나 잠재적인 다양한 능력을 갖고 있다"라고 하며 "이를 스스로 발견하는 것은 자기 인생을 충실하게 하기 위해 빼놓을 수 없는 필수 조건"이라고 말한 바 있습니다. 자기 잠재력을 확인하려는 노력은 인생을 충실히 사는 여러 방법의 하나가 아닐까요. 누구나 자신만의 잠재력을 가지고 있습니다. 표현에 능숙한 사람과 서툰 쪽이 있을 뿐입니다. 지나 씨도 말을 유창하게 하진 못했지만, 깊이 듣고 공감할 줄 아는 사람이었습니다. 길지 않지만 남다른 생각을 말하기도 했고요. 그런 지나 씨를 응원하고, 이젠 그 부끄러움을 내려놓아도 된다고 말해주고 싶었습니다.

그러니 모임에서 다소 발음이 불분명하거나 얼버무리는 말을 마주치더라도 그것으로 평가하는 습관을 버려야 합니다. "말은 적어도 누구누구처럼은 해야 한다"라는 기준점을 은연중 가지고 있었다면, 그것부터 내려놓는 게 어떨까요. 누구나 자신의 몫을 채우고 있으니, 평가보다는 이해의 시선이 필요합니다. '내 기준에 미달하는 말'들을 평가하고 싶어질 때 스스로에게 이런 질문을 던져보면 좋을 것 같습니다.

- 말의 기술을 중시하다 내용을 놓치는 건 아닌가?
- 말하려는 사람의 의도를 잘 읽어내고 있는가?
- 판단하고 평가하려는 습관이 작동하고 있는가?

- 말의 요지를 파악하여 반응할 수 있는가?

위 질문들은 내가 어떻게 듣고 있는지를 자각할 수 있는 기준이기도 합니다. 자신은 어떤지 각 문항에 O와 X 표시를 남기고 둘 이상의 X가 나왔다면 입장부터 바꿔봅시다. 말을 듣는 이가 아니라 말하는 사람의 입장이 되어보는 것입니다. 그러면 말의 배경과 의도가 더 잘 들리게 되고, 어눌한 발음이나 작은 목소리를 문제 삼지 않게 될 것입니다.

발음과 말투, 발성에 집착하다 보면 말의 내용을 놓칠 때도 있습니다. 말하는 이의 마음을 들여다보지 못합니다. 진심을 느끼는 마음의 문도 점점 닫힙니다. 나는 저런 말투, 사투리, 목소리가 싫다며 스스로 고정관념이라는 그물에 얽매입니다. 그런 식으로 더 '유창한' 독서 모임을 찾아 유목민처럼 이곳저곳을 떠돌아도 남는 건 불만뿐입니다. 무의식중에 키워온 높은 기준 때문에 독서 모임의 본질적 즐거움을 느끼지 못하니까요. 자신의 듣는 태도가 문제가 아닌지 점검해볼 생각도 전혀 하지 못하고 말입니다.

글쓰기 모임에서도 유사한 상황이 벌어집니다. "더

잘 쓰는 사람들이 있는 모임은 없을까? 나보다 못 쓰는 사람이 많은 모임은 그만두어야 발전하지 않을까?" 불평불만이 생기고 속앓이가 시작됩니다. 마거릿 와일드의 그림책《여우》(파랑새, 2012)에 나오는 '까치'도 '개'와 지내는 생활에 불만을 느낍니다. 날개를 다친 자신을 태우고 달리는 개의 등 위에서 까치는 생각합니다. '이건 나는 게 아니야.' 결국 개를 두고 여우를 따라나선 까치는 붉은 사막에 홀로 남고 다시 긴 여행을 시작합니다. 까치는 자신의 처지를 생각지 않고, 날개를 다치기 전의 시절만 떠올립니다. 그 기준을 내려놓지 못하던 까치는 현실을 부정합니다. 어떤 기준은 방향을 제시해주지만, 때로는 족쇄가 되는 기준도 있습니다. 시야를 가리는 방해물이 되기도 합니다.

어떤 말하기는 기술보다 내용으로, 그 진심으로 우리에게 다가옵니다. 발음이 불분명하거나 얼버무리는 말로 괴롭다면 말하는 사람보다 '듣는 나'를 관찰해보세요. 진심을 들으려 했는지도요. 저도 그렇게 듣는 사람이 되고 싶어 오늘도 독서 모임에 갑니다. 이 책을 다 쓰고 나면 저도 그런 사람이 될 수 있을까요?

발언 독점이 없도록,
장황한 말 대처법

독서 모임 '블루웨일'의 운영자 상희 씨는 요즘 고민에 빠져 있습니다. 말을 장황하게 하는 한 회원을 보면 더 이상 웃음이 나오지 않아서요. 속마음이 바로 얼굴에 드러나는 편이라 회사 생활도 쉽지 않은 상희 씨에게 이

상황은 큰 스트레스로 다가옵니다. 끓어오르는 화를 누르기 힘이 듭니다. 상희 씨가 어찌하지 못하는 회원의 나이는 52세로, 독서 내공이 상당한 데다 달변이라 한번 말을 시작하면 거침없이 의견을 풀어놓습니다. 연관된 책을 말하기도 하고, 작가의 다른 책까지 소개합니다.

    문제는 시간입니다. 두 시간인 모임에서 거의 한 시간 가까이 발언을 독점하는 그녀의 장황한 말은 '마감'이 없습니다. 회원들은 열심히 듣다 말이 길어지면 점점 지루한 표정을 짓거나 폰을 만지작거립니다. 지루해졌다는 신호죠. 모두가 알아차리는 이 신호를 그녀만 모르는 것 같습니다. 상희 씨는 그녀가 '모른 체한다'고 생각하기에 답답함만 커져가는데요. 연장자인 그녀의 말을 선뜻 자르기도 어렵고, 몇 달 전 말하는 시간을 조절해 달라고 부탁까지 했기에 더 이상 말을 꺼낼 용기가 나지 않습니다. 어쩌다 모임 참석률이 떨어지기라도 하면 상희 씨는 그녀 때문인가 싶어 불안해지기까지 합니다.

    사실 상희 씨는 저의 후배입니다. 독서 모임 친구였던 그가 동네에서 새롭게 모임을 만들겠다고 했을 때 열렬히 응원했습니다. 수줍음을 타는 편이고, 낯가림도 심한 그의 도전이었으니까요. 그는 오래 끙끙 앓다 최근

에야 제게 고민을 털어놓았습니다. 진작 도움을 요청했으면 현실적인 해결책을 주었을 텐데 말이죠.

독서 모임에서는 유독 빙빙 돌려 말하는 사람들을 자주 만나게 됩니다. 그 사람들이 "어" "그러니까" "음"을 반복하며 말을 잇다가 결국 정리를 못 한 채 다시 말하면 안 되냐고 물을 땐 당연히 "네. 그럼요. 괜찮아요. 잠시 후 다시 부탁드릴게요"라고 독려합니다. 독서 모임 운영자는 눈치가 빨라야 합니다. 장황한 말의 요지를 알아챌 수 없어서 초조해질 때, 그렇다고 다시 묻기는 곤란할 때가 잦다면 미리 작은 규칙을 공유하면 됩니다. 회원들이 모두 도착했을 때 이렇게 공지하는 거죠.

- 모두가 충분히 말하는 게 좋으니 요점을 나누면 좋겠습니다.(+저도 노력하겠습니다.)
- 끝나고 일정 있으신 분들도 있으니 요점 위주로 말씀 부탁드려요.(+저도 쉽지 않지만요.)
- 모임 시간이 정해져 있으니 요점을 나누면 어떨까 합니다.(+저부터 생각 정리를 해야겠어요.)

독서 모임 분위기를 유연하게 만드는 몇 마디입니

다. 이렇게 약속했는데도 말이 길어지면 진행자가 다음 같은 짧은 반응으로 일깨워줄 수도 있습니다.

- 네, 네… 아, 네…
- 네. 잘 들었습니다.
- 네… 감사합니다.

또한 말을 정리하도록 유도하는 간단한 질문을 사용해도 좋습니다.

- 그러면 _____라는 말씀일까요?
- 아, _____라는 의미일까요?
- 네. _____라고 하셨는데, 제가 잘 들은 걸까요?
- 네, 간략하게 요점을 정리해주실 수 있을까요?
- 네, 짧게 요점을 정리해주시면 감사하겠어요.

이제 진행자가 할 일은 기다리기입니다. 기회를 주었는데도 정리를 못 한다면 누군가 나타나 대신 요약해줄지도 모릅니다. 누구에게나 한 번쯤은 '요약 요정'이 찾아오는 법이니까요. 물론, 우리가 누군가의 요약 요정이 되어준다면 더욱 좋겠지만요. 말하던 사람이 당황하지 않도록 조심스럽고 다정한 태도로 도와주어야 한다는 사실도 기억해주세요.

말소리가
잘 들리지 않을 때는 이렇게

윤영 씨의 아버지는 어릴 때 겪은 사고로 오른쪽 청력을 잃으신 지 오래되었습니다. 최근엔 국가 보조금으로 보청기를 새로 바꿨는데 핸즈프리로 통화까지 된다며 좋아하셨답니다. 평소 아버지와 대화하려면 목소리를 꽤 높여야 하는데, 윤영 씨의 어머니는 자신의 목소리가 커진 이유가 아버지 때문이라고 하실 정도입니다. 그런데 윤영 씨도 몇 해 전부터 조금 멀리서 나는 소리가 잘 들리지 않을 때가 있어 가끔 불편합니다. 평소 큰 볼륨으로 음악을 들어서 그런 걸까요. 독서 모임에 가서도 잘 들리지 않을 때가 종종 있다고 합니다. 엊그제 처음으로 가본 동네 독서 모임에서 멀리 있는 사람의 말소리가 들리지 않아 힘들었다는 윤영 씨는 난감한 표정을 지었습니다. 초면에 다시 말을 해달라고 하기도 어려운데 말이죠. 모임 장소인 카페에 사람이 많아서 그랬을까요. 비대면으로 할 때는 문제가 없는데 대면 모임에선 어려움을 겪고 있습니다. 병원에선 별 이상이 없다면서 6개월에 한 번씩 검진을 받으라고 했다고요. 곧 다른 대면 모임이 있는데 또 못 알아들을까 봐 걱정이라는 윤영 씨의 고민은 아직 해결 전입니다.

　　직접 만나 이야기를 나누는 독서 모임에서 이런 상황에 처한다면 속상하겠지요. 다른 사람의 생각을 듣고 싶어 모임에 나갔는데, 잘 들리지 않으면 이어 말하기도 어렵고 반응도 못 해 어찌할 바 모르게 되니까요. 사실 독서 모임이란 반응 연습이라는 말로 설명할 수도 있는 대화의 현장입니다. 누가 어떻게 반응하느냐에 따라 다음 말이 나오고 들어옵니다. 방송 대본 같은 대화가 아니니까요. 그렇다고 항상 생방송의 순발력이 요구되는 것은 아닙니다. 어느 정도의 침묵과 정적도 흐르게 됩니다. 이때는 생각하는 시간입니다. 무슨 말을 할까 상념을 다듬기도 하지요. 만약 윤영 씨처럼 멀리 있는 사람의 말이 잘 들리지 않은 채 말을 해야 한다면 다음과 같은 설명을 덧붙여 물어보면 좋습니다.

- 제가 잘 들었는지 모르겠네요.
- 제가 잘못 들었다면 알려주세요.
- 제가 들은 바대로라면요.

짧은 말로 상대와 나 사이에 친절한 징검다리를 놓는 방법입니다. 듣는 모두가 이해할 수 있도록 말과 말이 자연스럽게 이어집니다. 결국 말이란 커뮤니케이션이기에 신호를 주고받는 연습이며, 시간이며, 과정입니다. 이처럼 짧은 신호를 보내며 대화를 이어간다면 자연스러운 의사소통의 자리가 만들어집니다. 매우 유연한 사람처럼 보이기도 하고요.

소리가 영 안 들리고 되묻기도 어렵다면, 모임의 중앙 자리에 앉기를 권합니다. 미리 토론 인원을 확인하고 조금 일찍 도착해서 좌석 배치를 살펴본 후 좌우 발언이 가장 잘 들릴 수 있는 자리에 앉으세요. 음악이 흐르는 장소라면 소리를 조금이라도 줄여달라고 부탁해 봅니다. 다른 대화 소리가 덜 들리도록 테이블 간 거리를 조정하는 것도 방법입니다. 물론 소음 없는 단독 공간을 확보하면 가장 좋습니다. 집중이 잘되니까요. 백색소음을 좋아해서 카페에서 모임 하기를 원하는 사람도 있지만 청력이 약하거나 말을 자주 놓치는 회원을 위한 방음 공간도 필요합니다. 독서 모임 운영자라면 두세 가지의 선택권을 주고 의향을 물어보는 여유도 보여주시기를 바랍니다. 상황별 다양한 공간을 제시하는 것도 운영자의 여유이고 열정이며 능력입니다. 운영자에게 필요한 장소 관련 검색어 몇 가지를 보여드릴게요.

- 모임 공간
- 미팅 공간
- 과외 공간
- 과외 하기 좋은 카페

- 독서 모임 공간
- 책 모임 공간
- 공부 모임 공간
- 공부 모임 하기 좋은 공간(카페)

공간 예약이 편리한가, 저렴한가도 중요하지만 집중이 잘되는가를 가장 먼저 확인해야 합니다. 미리 가보며 발품을 파는 수고도 아깝지 않습니다. 모임만 잘된다면 기꺼이 사전 답사를 해야지요. 좋은 장소라면 다른 모임에 소개할 수도 있고, 고정 공간으로 삼게 된다면 더욱 편리하니까요. 회원에 따라 환기나 층고를 중시하는 사람도 있으니 참고하면 좋습니다.

마지막으로 잘 들리지 않았어도 멋지게 마무리하는 모임 소감을 소개합니다. 모임에서 해보시고 반응이 좋았다면 꼭 알려주세요.

"제가 멀리 있는 소리는 잘 듣지 못해 놓친 부분도 있을 텐데요. 그런데도 저는 많은 것을 배웠습니다. 함께 해주셔서 감사합니다."

말실수로
다른 사람과 부딪혔다면

사람들은 실수나 실패를 두려워합니다. 아니 꺼립니다. 초등학생들이 모인 한 독서 모임에서였습니다. 용호동에서 일어나는 이야기들을 담은 연작 동화집 《우리 용호동에서 만나》(창비, 2021)를 읽고 모인 아이들은 이 내용에 공감하기 어렵다고 손을 번쩍 들더군요.

〈벤치 아저씨, 표류하다〉에 등장하는 정우는 집으로 들어가려는 순간 벤치에 앉아 손짓을 하는 노숙자 아저씨를 보고 가슴이 덜컹 내려앉았습니다. 모른 척 고개를 돌리려고 하자 아저씨는 "어이! 물 좀 떠다 줄래?"라고 말합니다. 꺼려지긴 하지만, 정우는 홧김에 카페 앞 화분을 툭 찼을 때 이 아저씨가 자신을 본 것 같아 카페 주인에게 이를까 봐 거절할 수가 없었습니다. 그러다 아저씨와 대화를 하게 된 정우는 엄마의 말을 가져와 "인생 실패한 사람들이 노숙자가 되는 거라던데요"라고 말합니다.

여러분은 정우 엄마의 이런 생각에 공감하시나요? 아이들은 노숙자라고 반드시 '실패'한 인생은 아니라고 하며, 노숙자에 대한 편견을 심어주는 엄마가 나쁘다고 입을 모았습니다. 아이들이 '실패'라는 단어의 뜻을 정확하게 알지 못하고 아주 부정적으로만 생각하는 것 같아 그 뜻이 "일을 잘못하여 뜻한 대로 되지 아니하거나 그르침"이라고 짚어주자, 분위기는 정우 엄마처럼 볼 수도 있다는 쪽으로 기울었습니다. 노숙자 아저씨 입장에서도 말입니다. 하지만 정확한 단어 뜻에 대해 알고 나서도 했던 말을 수습하거나 수정하려는 아이들이 많지는 않았습니다. 여러분은 어떤가요. 자신이 '뜻한 대로' 되지 않거나 그르치는 일이 있었나요. 자기 잘못으로 말입니다. 그런 실패를 겪은 적이 있다면 삶이란 실패의 연속이라는 사실을 받아들이게 되겠지요. 누구나 실패한다고도 말입니다.

그렇다면 '실수'는 어떨까요. 독서 모임에서 할 수 있는 실수란, (자신이 보기에)부주의했거나, 불필요한 말을 하는 것이 아닐까요. 이런 실수는 실패보다 더 잦은 일일지도 모릅니다. 그 기준이 양면적이기 때문입니다. 조심성이 없다, 무례하다는 판단을 하는 쪽은 내가 될 수도 다른 사람이 될 수도 있습니다. 상대는 내 말을 기억하지도 못하는데 나 스스로 실수라며 부끄러워하는 순간이 있습니다. 한편 나는 잊었는데 상대가 불쾌했다며 되짚는 일도 일어납니다. 유교의 문화가 남아 있는 우리 사회는 예의범절을 서로에게 기대하기도 합니다. 말하기나 글쓰기를 하다 실수로 마찰을 빚게 되면, 타인에게 폐를 끼쳤다는 기분은 죄책감과 수치심으로 변형되어 말하거나 글을 쓸 의욕을 빼앗아 갑니다. 이런 일이 반복되면 차츰 다른 이의 기준에 맞춰 살게 됩니다. 다른 이의 기준으로 자신을 심판하면 나는 어떤 사람이 될까요. 실수 잦고 실패한 사람이 될 수밖에 없습니다.

또한 언변이 부족한 사람은 자신의 의도를 잘 설명하거나 수습하지 못해 오해를 사기도 합니다. 나이, 경험, 직급 등 여러 이유로 권위가 부족하다고 느낄 때도 설명은 어려워집니다. 이런 자리 후엔 다른 사람들이 나를 오해했겠다는 생각에 사로잡혀 기분이 좋지 않겠죠. 점점 사람들을 만나는 게 두려워지고 말하기 또한 정체기를 겪습니다. 그런 경험 이후엔 말하는 편보다는 듣는 편이 됩니다.

어쩌면 실패도 실수도 '고정관념'이 낳은 족쇄일지 모릅니다. 문제가 생겼을 때 대화를 통해 생각지 못한 나의 무례를 확인했다면 물론 사과하면 됩니다. 하지만 나는 그저 하고 싶은 말을 했을 뿐인데 누군가가 지나치다고, 무례하다고 생각한다면 그것은 그 사람의 몫으로 남겨두면 됩니다. 모든 기준에 나를 맞출 수는 없습니다. 상대는 괜찮다는데 과도한 자책과 사과를 한다면 그 또한 관계를 불편하게 만드는 태도입니다. 물론 상대가 대화를 원치 않고 갑자기 관계를 차단해버린 경우라면 조금 다릅니다. 이유나 원인을 설명하지 않고 문을 닫아

잠그는 경우입니다. 닫힌 문을 열려고 애쓰는 처지라면 자신의 실수가 무엇인지 되짚으며 죄책감을 느낍니다. 무슨 실수였는지 알지도 못한 채 관계에 대한 두려움만 커집니다. 그럴 땐 상대보다 나를 살펴야 합니다. 상대의 일방적인 결별 통보에 상처받지 않도록 나부터 돌보아야 합니다. 그런 침묵과 차단 또한 상대방의 방식이며 나에 대한 배려라고 받아들여보세요. 그 때문에 다른 관계를, 상황을 두려워할 필요는 없습니다. 나는 나와 잘 지내고, 나를 지키려 살아가야 합니다. 실수하지 않기 위해 살아가는 것이 아니니까요.

다른 사람들은 기억조차 못 하는 말을 혼자 품고 끙끙대지 마세요. 내가 읽은 만큼, 느끼고 생각한 만큼 말하면 됩니다. 누구나 자유롭게 말할 권리가 있습니다. '좋은 사람'으로 보이고 싶다는 욕심을 내려놓는 게 좋습니다. 결국 말을 하다 나온 실수에 대한 가장 좋은 대처법은 '나를 평가하지 않는' 연습일지 모릅니다.

다른 의견을
부드럽게 말하는 법

독서 모임에서 적극적인 반응이란 무엇일까요?

"아…!" "오!!!" "와!!!" "아하…!"

이런 탄성들일 테지요. 고개를 끄덕이거나, 열심히 메모를 하며 듣는 사람도 있습니다. 이런 반응이 나오면 말하는 입장에서는 주목받는 기분이 듭니다. 주목받는 건 기쁠 수도 있지만 부담스러울 수도 있는 경험이죠. 관심을 원하면서도 주목에는 익숙지 않은 이에겐 할 말을 잊게 만드는 부담스러운 상황이 됩니다. 무대에 서는 것이 익숙한 사람이라면 모를까, 부담을 느껴 하려던 말을 제대로 하지 못하는 경우도 생깁니다. 주목받은 사람 바로 다음으로 발언하는 경우에도 부담을 느낄 수 있습니다. 모두의 탄성을 이끈 발언과는 다른 의견을 냈다가, 괜히 분위기를 가라앉히는 건 아닌가 하는 생각이 드니까요. 이때 주의해야 할 표현들이 있습니다.

"제가 괜히 흐름을 끊는 것 같은데요."
"아무래도 제가 책을 잘못 읽은 것 같은데요."
"저도 좋긴 한데 다른 분들 정도는 아니라서요."

앞선 의견과 다른 의견임을 해명하려고 꺼내는 말들이긴 하지만, 마치 당신들과 나는 다르다고 구분을 짓는 것처럼 보일 수 있는 말들이니까요. 오해받지 않으려고 긴장해서 구구절절 자신의 이야기를 하다 보면 흐름이 늘어지고 지루한 분위기마저 감돌죠. 그러면 또 말재주 없는 자신을 책망하게 되고요. 분위기를 깨지 않고 오해를 사지 않으면서 다른 의견을 자연스럽게 건넬 수 있는 말들이 있습니다.

"저도 다른 분들처럼 공감했고요. 다르게 본 부분이 있다면요."
"저도 다른 분들처럼 좋게 봤습니다. 다만 조금 아쉬운 부분이 있었는데요."
"저도 비슷하게 본 것 같은데, 의문이 드는 부분이 있어요."

말에 일종의 '안전장치'를 두면서 '서서히' 말을 풀어가면 한층 부드럽게 말할 수 있습니다. 책을 읽은 관점은 서로 다를 수밖에 없고, 그 차이를 들으러 가는 자리가 독서 모임이니 다름의 결을 보여준다는 생각으로 자연스럽게 말합니다. 반대가 아니라 '다른 입장'이라는 느낌을 주면서요. 대부분이 책에 대한 호평을 주는 분위기인데 나는 다르게 봤다면, 그들에게 일부 공감한다는 작은 예의를 표하면서 말을 풀어갑니다. 단정 짓듯 부정적인 뉘앙스를 풍기면 사람들이 무안해할 수 있으니까요. 소소한 배려의 신호라고도 할 수 있습니다. 전혀 해보지 않은 표현들인가요? 익숙지 않은가요? 일단 하나를 골라 다음 모임에서 해보세요. 독서 모임에 나만의 징검다리를 놓았다는 뿌듯함을 느낄 수 있을 것입니다.

또 다른 비장의 무기가 있다면 바로 '표정'입니다. 표정만 부드럽게, 밝게, 다정하게 해도 이미 상대의 기분은 좋아집니다. 마음이 열리고, 관계도 열립니다. 모임에서 무뚝뚝한 표정, 멍한 표정, 피곤한 표정으로 앉아 있다면 선뜻 말을 걸기가 어려울 겁니다. 모니터로 서로의 얼굴을 보게 되는 비대면 독서 모임에서는 표정이 더더욱 중요합니다. 다른 의견을 말할 때 특히 표정에 신경을 써봅시다. 말은 부드럽게 하지 못해도, 부드러운 표정은 지을 수 있으니까요. 조금은 불친절하고, 건조한 말을 카스텔라처럼 촉촉하게 만드는 비법은 바로 표정임을 잊지 마세요.

책 읽기가 게을러질 때,
독서 모임 돌아보기

"운영자가 책을 안 읽고 오던데요." "요즘은 책 읽고 오는 사람들이 적어요." 독서 모임인데, 책을 읽지 않고도 모인다면 무엇 때문에 모일까요? 하나, 대화 상대가 필요해서. 둘, 책 친구를 사귀고 싶어서. 셋, 푸념할 곳이 없어서. 넷, 조금이라도 읽어보려고. 네 개의 이유 모두 공감이 안될 수도 있습니다. '책을 읽지도 않는데 왜 모임에 갈까, 나 같으면 가기 싫을 텐데?' 이런 의문이 들기도 하죠. 각자가 바라는 독서 모임의 모습이 얼마나 다른지, 비슷해 보이지만 어떤 차이가 있는지는 현장이 말해줍니다. 다음 목록에서 각자의 목표점을 찾아보는 것도 좋습니다. 독서 모임의 목표를 알아보는 간단한 체크리스트입니다.

[왜 독서 모임에 오나요?]
□ 책 읽는 습관을 기르기 위해서
□ 다양한 책을 완독하기 위해서
□ 책에 관한 다양한 의견을 듣고 싶어서
□ 의미 있는 만남, 모임이 필요해서 (푸념, 뒷담화 지양)
□ 책 읽는 사람들과 가까워지고 싶어서
□ 나도 언젠가는 독서 모임을 운영해보려고
□ 자녀 독서 지도를 위해 나부터 배워보려고
□ 학교 독서 토론 지도, 독서 동아리 운영을 맡아서
□ 친구들과 독서 모임을 해보려고
□ 회사 동료들과 책을 읽어보고 싶어서

☐ 가족과 독서 모임을 하고 싶어서 (책 대화)

마지막 항목에 표시를 한 사람은 꽤 용감하다고 생각합니다. 가장 난도가 높다고 평가받는 '가족 독서 모임'을 꿈꾸고 있다니 박수를 보내며 최병일, 김예원 작가의 공저 《한지붕 북클럽》(북바이북, 2022)을 추천합니다. 무려, 시아버지와 며느리가 함께 쓴 책이에요. 이 팀은 가족 독서 토론을 수년간 이어왔습니다. 시아버지인 최병일 작가가 독서 토론을 배워 논제와 진행을 맡아 코로나 시기에도 비대면 독서 모임을 이끌어왔다니 놀랍지요. 그러면서 며느리 김예원 작가도 독서 모임 전문가가 되었다는 희소식입니다. 처음엔 약간의 의무감으로 시작했던 가족 독서 모임이 생활이 되고, 삶의 변화를 가져왔습니다. 물론 책을 다 읽고 "우리 가족은 안되겠다" 하고 절망할 수도 있지만, 가족 독서 모임을 꿈꾼다면 참고해도 좋지 않을까요.

각자가 꿈꾸는 독서 모임을 그리고, 색칠하고, 조각하는 것은 책 읽기의 반경을 넓히는 일입니다. 혼자 읽기에서 함께 읽기로, 공동체 구성원이 되어보겠다는 결심입니다. 홀로 골방에 앉아 책만 읽던 낯가림 선수가, 외골수가, 말주변이라곤 눈을 씻고 찾아봐도 없던 사람이, 말하는 순서만 되면 머릿속이 하얗게 되던 자신이 독서 모임에 나가게 되었다면 인생이 이미 전환된 것이나 마찬가지겠죠. 사람은 쉽게 변하지 않으며, 사는 대로 사는 것만큼 편한 일이 없으니까요. 더군다나 나이 들수록 사람은 불편한 일은 꺼리기 마련입니다. 그런데 함께 읽기, 독서 모임이라는 공공 장소에 발을 내딛었다면 이미 절반의 성공이 아닐까요.

독서 모임에 대한 열의가 시들해졌다면 어떻게 말을 해야 하나, 무슨 말을 해야 할까 고민하기보다는 위체크리스트에 표시한 독서 모임에 다가서고 있다는 기쁨부터 만끽해보세요. 그러다 보면 자신이 꽤 괜찮아 보이고, 잘하고 있다며 스스로를 칭찬할 힘이 생깁니다. 칭찬도 배워야 하고, 연습해야 합니다. 사람들은 생각보다 칭찬에 인색하며 또한 순순히 칭찬받지도 못합니다. 마음속에 불쑥 커지는 인정 욕구에 휘둘리면서도 애써 침착하려 합니다. 속이 좁아 보일까, 이해심이 부족해 보일까 감추려 하죠. 서운함과 상처, 억울함의 강물에 얼마쯤은 발을 담그고 있달까요. 인정 욕구란 사실 자신의 완벽주의에서부터 오는데, 대부분 누군가 나에게 요구했던 완벽주의가 그 뿌리인 경우가 많습니다. 잔소리, 지적, 훈계에 대응하지 못하고 회피했던 자신이 아직도 자라지 못했다는 사실을 인정하기 힘들기에 지금도 주눅 든 채 살아가기도 합니다. 할 말을 삭히고, 쌓다 보면 정작 말을 해야 할 순간에 긴장감이 올라오고 충분히 표현하지 못해요.

상투적인 칭찬이 아닌, 합리적이고 객관적인 칭찬을 스스로에게 줄 필요가 있습니다. 내가 바라는 독서 모임에 다가가려면, 단련되어야 합니다. 약하고 휘청거리는 채로 모임을 하고 운영하다 보면 갈등을 피할 수 없게 됩니다. 자, 나를 칭찬해봅시다.

1. 전에는 손도 못 대던 어려운 책을 완독한 나를 칭찬한다.
2. 전에는 읽다 말던 벽돌 책을 완독한 나를 칭찬한다.
3. 전에는 작심삼일이었던 내가 1년간 빠지지 않다니, 칭찬한다.
4. 전에는 지각을 일삼던 내가 늘 모임 5분 전에 도착했다! 칭찬받아 마땅하다.
5. 이번 달은 빠져야 해서, 미리 독서 기록을 올려둔 나

를 칭찬한다.

6. 글쓰기가 두려운데도 모임 후기를 썼다. 칭찬받을 만하지 않은가.

7. 독서 감상문까지는 어렵지만, 다섯 줄 감상기는 썼으니 큰 발전이다.

8. 전에는 말하기 바빴는데 이젠 듣는 사람이 되었으니 기쁘다.

9. 상처도 덜 받고, 억울함도 줄었다. "그렇게 볼 수도 있겠네요"라는 진행자의 말 덕분에 시야가 넓어졌다. 이런 모임을 계속하는 나를 칭찬한다.

10. 모임에 불편한 사람이 있는데, 조금씩 그를 이해하고 있는 너그러워진 나를 칭찬한다.

11. 추천에 서툰 내가 책 추천을 하다니, 기적이다. 나를 칭찬한다.

이어지는 빈칸에 스스로 칭찬을 써보세요. 여러분의 메모가 궁금해집니다. 멋진 칭찬이 나오면 제게도 보내주실 거죠?

12. _____

13. _____
14. _____
15. _____
16. _____
17. _____
18. _____
19. _____
20. _____

숙련된 독자로
성장하기 위하여

책을 더 깊게, 더 풍부하게 즐기는 방법

전작 읽기와 작가 탐구로
내공 업그레이드

스물 즈음 'MBC 정은임의 영화음악'이라는 방송을 듣게 되었습니다. 심야 라디오 방송이었는데요. 수능을 내려놓고 자유를 즐기던 친구가 들어보라며 방송을 녹음한 테이프를 건네더군요. 그 방송에서 영화 평론가 정성

일을 만났습니다. "안녕하십니까. 정성일입니다." 처음 듣는 영화와 감독을 줄줄이 소개하던 그가 가장 많이 쓰던 주어는 "감독은" "영화는"이었습니다. 그때부터 영화를 감독 중심으로, 전작주의로 보고 싶어졌습니다. 그러면 영화를 보는 안목이 달라질 것 같은 예감이 들었습니다. 독서에서도 마찬가지였습니다. 조희봉의 에세이 《전작주의자의 꿈》(함께읽는책, 2003, 절판)을 만나며 전작주의 독서를 이어갔습니다. 조희봉 작가는 전작주의자로 살겠다는 꿈을 서술하며 자신의 독서 역사를 풀어썼는데, 저도 이렇게 살아보고 싶다는 생각을 했습니다. "책 읽은 양이 100이면 나가는 것은 1이어야 한다"라고 말한 일본 작가 다치바나 다카시 또한 전작 읽기에 불을 지펴준 독서광이었습니다. 읽은 양이 100이면 그 배의 양은 밖으로 표출하고 싶어질 텐데, 겨우 1만 내보내라니 너무 엄격하지 않나 싶다가도 이내 그 말은 책을 더 열심히 읽고 싶게 하는 응원으로 다가옵니다.

한 창작자를 열심히 탐구하다 보면 그를 둘러싼 세계의 부분과 전체가 동시에 보입니다. 창작이란 무엇인지, 창작자는 어떤 고민을 하는지, 창작자는 어떻게 변화하고 거듭나는지 맥락을 읽어내는 힘이 생깁니다. 독서 내공이 단단해집니다. 어떤 작가의 전작을 읽어내겠다는 결심은 누구도 시키지 않은 자신의 선택이며 의지이기 때문입니다. 그 주체적인 결심을 실천하면서 '곁눈' 팔지 않는 집중력을 기를 수 있습니다.

한 작가의 전작을 읽었다는 뿌듯함은 작은 자신감으로 이어지기도 합니다. 많은 말을 하지 않아도 힘 있는 말을 할 수 있습니다. 그때까지 읽어보지 않은 작가를 만나도 낯설거나 두렵지 않습니다. 예를 들어 밀란 쿤데라나 카프카 외 여러 작가의 전작을 읽었지만 윌리엄 포크너의 소설은 처음이라면, 그간의 경험을 밑천 삼아 더욱 풍성하게 포크너를 읽을 수 있습니다. 이미 문학을 읽는 데 정답은 없다는 사실을 깨달았기 때문입니다. 내 의견은 정답이 아니며 수많은 견해 중 하나일 뿐이라고 생각할 줄 아는 '여유'가 생깁니다.

독서 내공이 부족해 자신감이 떨어진다면 전작 읽기를 시작해보세요. 전작 읽기는 책 읽기의 보이지 않는 힘이며 독서광을 버티게 하는 질서입니다. 책 읽기에도 어떤 길이 있었다는 사실을 확인하는 좋은 여행입니다. 제가 그간 전작 읽기를 해왔던 작가 목록을 소개해봅니다. 지극히 개인적인 관심사와 취향의 자장 안에 있는 목록입니다만, 전작주의를 시작하려는 분들에게 하나의 길이 될지도 모르겠습니다.

[전작주의자를 위한 추천 작가 목록]

분야	작가명	추천작
소설	밀란 쿤데라	《정체성》(민음사, 2012)
소설	프란츠 카프카	《아버지에게 드리는 편지》(문학과 성사, 1999)
소설	오르한 파묵	《이스탄불》(민음사, 2008)
소설	조지 오웰	《카탈로니아 찬가》(민음사, 2001)
철학	버트런드 러셀	《행복의 정복》(사회평론, 2005)
인문	프리모 레비	《이것이 인간인가》(돌베개, 2007)
인문사회	홍세화	《생각의 좌표》(한겨레출판, 2023)
인문철학	모리스 블랑쇼	《문학의 공간》(그린비, 2010)
인문철학	수전 손택	《해석에 반대한다》(이후, 2002)
소설	서머싯 몸	《달과 6펜스》(민음사, 2000)
소설	존 쿳시	《추락》(문학동네, 2024)
소설	찰스 디킨스	《두 도시 이야기》(창비, 2014)
인문사상	에드워드 사이드	《평행과 역설》(마티, 2011)
인문비평	발터 벤야민	《모스크바 일기》(길, 2015)
소설	루이스 세풀베다	《역사의 끝까지》(열린책들, 2020)

분야	작가명	추천작
소설	나쓰메 소세키	《마음》(현암사, 2016)
소설	최인훈	《회색인》(문학과지성사, 2008)
문학평론	김윤식	《문학을 걷다》(그린비, 2014)
문학평론	황현산	《잘 표현된 불행》(난다, 2019)
인문 에세이	서경식	《고뇌의 원근법》(돌베개, 2009)
소설	정미경	《내 아들의 연인》(문학동네, 2008)
사회 에세이	정희진	《정희진처럼 읽기》(교양인, 2014)
소설	강경애	《소금》(민음사, 2019)
문학평론	김현	《행복한 책읽기》(문학과지성사, 2015)
소설	성석제	《황만근은 이렇게 말했다》(창비, 2002)

의견에 구체성을 더해주는
책 속 사건 말하기

우리 삶은 각양각색의 사건들로 이루어진 태피스트리(tapestry)입니다. 여러 색실로 그림을 짜 만든 직물처럼 사건의 종류도 형태도 저마다 다릅니다. 철학자 이진경은 에세이《삶을 위한 철학수업》(문학동네, 2013)에서 "우리의 삶은 사건을 통해 크게 구부러지며 다른 방향으로 나아간다"라고 말한 바 있습니다. 처음에 바라고 예상했던 목적지와 다른 곳을 향해 가도록 하는 것도 사건이라고 말입니다. 그러니 누군가 어떤 일생을 살았는가 보려면 그의 삶에 곡절을 만든 사건을 보면 된다고 저자는 전합니다. 그러고 보면 사건이란 어떤 비등점이며 방향이겠네요. 책에서도 말입니다.

한 이야기가 있다고 가정해볼게요. 무난해 보이는 일상을 살던 한 30대 여성이 우연히 만난 여고 동창과의 미묘한 갈등으로 인해 유괴 사건에 휘말립니다. 다른 사람의 눈에 띄지 않게 살려고 평생 노력해왔던 그녀에게 내재된 소유욕이 폭발한 것입니다. 그녀에게 이 일은 인생의 비등점과 같은 사건이었습니다. 그녀는 이전과는 전혀 다른 삶의 방향으로 걸어가게 됩니다. 이런 책을 읽고 이야기하는 독서 모임에 참석했다고 생각하고 어떤 이야기를 나눌지 상상해봅시다. 우선 이 책은 장편소설이기에 큰 기승전결이 있고 한 인물의 변화 과정이 여러 번 나오겠지요. 그중 어떤 사건을 예로 들면서 말하면 좋을지 고민이 되기 시작합니다. 구체적으로 설명하고 싶기 때문이지요. 모든 사건을 말할 수는 없고, 그럴 시간도 주어지지 않습니다. 이럴 땐 다음과 같은 기준에 따라 두세 개의 사건을 기억하거나 메모해둡니다.

첫째, 책 읽은 소감을 말할 때 필요한 사건입니다. 자신이 생각할 때 인물에게 강력한 계기가 되었다고 생각되는 사건을 간략하게 말하면 됩니다. 둘째, 독서 모임에서 나누는 논제와 연관된 사건입니다. 독서 모임을 할 때 자신이 모호하게 말하거나, 말한 후에도 알맹이가 부족하다고 느낀다면 적극 활용해보세요. 소감에서 소개한 사건과 겹치지 않게 말입니다. 같은 생각이라도 사실을 통해서 설명하면 구체적인 인상을 줍니다. 두 개의 사건만 구체적으로 말해도 생각을 알차게 표현할 수 있어 뿌듯해집니다. 주의할 점은 사건 내용 자체는 간결하게 말해야 한다는 것입니다. 이미 책을 다 읽은 회원들에겐 지루한 설명이 될 수 있으니까요. 또 아직 책을 다 읽지 않은 회원에게는 내 설명이 '스포일러'가 될 수 있으니 너무 자세히 말할 필요 없습니다. 두세 개의 사실을 들어 사건을 언급하고 자기 생각과 느낌을 이어 말하면 됩니다. 다음과 같은 세 가지 방법으로 책 속 사건을 말해볼 수 있습니다.

1) 일본의 문학상 무카타와카(가명/사실)상을 받은 장편소설인데요. 무역회사 사무직(사실)으로 근무하는 주인공은 남의 눈에 띄지 않게 살려 하지만 우연히 동창회(사실)에 나갔다가 사타키(사실)를 만나며 평생 눌러왔던 소유욕을 느끼죠. 그러다 사타키의 아이를 유괴하게 되는데요. 그 과정이 강박적일 정도로 촘촘하게 그려진다는 점이 놀랍습니다.

2) 사타키는 주인공 미타와 달리 유명 투자 증권사 하이로사(가명/사실)의 부서장으로 활발한 사회 활동을 해왔는데요. 사타키의 아들이자 자폐 스펙트럼(사실)를 갖고 있는 11살(사실) 유타는 학교에서 20명이 한 팀이 되어 왕따를 시키는 쿠키로(가명/사실)의 피해자가 된다는 점에서 이 소설은 생각거리를 던져줍니다.

3) 쿠키로(가명/사실) 사건으로 4년째(사실) 입학생이 줄어들고 있는 초등학교 교장도 이 소설의 주요 인물이라고 저는 봤습니다. 그는 수단과 방법을 가리지 않고 유타 사건을 은폐하려 하죠. 심지어 삼중 추돌 사고(사실)까지 조작하는데요. 이런 다양한 인물 군상을 그리며 작가는 인간의 이중성과 이기심을 증언

하고 고발합니다.

이처럼 책 속 사건 말하기는 간략하게 사실을 메모해두었다가 구체화시킬 수 있습니다. 철학자 이진경이 말했듯 인생이란 '특이적 사건의 집합'인 만큼 작가들 역시 자신의 이야기를 크고 작은 사건으로 구성하게 됩니다. 이 사실을 염두에 두고 읽다 보면 문학은 물론이고 비문학도 그런 구성으로 이루어진다는 걸 알 수 있습니다.

사건을 되짚는 말하기는 토론의 밀도를 높여줍니다. 말하는 사람이나 듣는 사람이나 정독해야겠다는 결심을 다지게 됩니다. 꼭 말하고 싶은 생각과 관련된 사건을 언급하는 것으로 충분합니다. 감상의 구체성과 토론의 밀도를 높여주는 사건 중심 읽기와 말하기, 다음 독서 모임에서 활용해보세요.

인물에 초점을 맞추면
생각의 색채가 달라집니다

소설을 쓰기 시작한 지 벌써 여러 해가 지났습니다. 여전히, 습작 중이네요. 단편소설을 쓰고 있는 제 관심사는 늘 '인물'입니다. 제가 만든 인물이 어떤 이야기 안으로 걸어 들어갈지 궁금해서 소설을 씁니다. 저는 인물이 이야기를 만든다고 생각하지 않아요. 인물이 그 자신도 모르게 이야기 안으로 서서히 들어가 결국 이야기 자체가 되어버리는 시간이 소설이라고 믿습니다. 결국 소설이란 이야기이기 이전에 인물이 아닐까요. 한 인물을 만드는 과정에서 이미 작가는 어떤 이야기를 하게 될지 어렴풋이나마 직감하게 됩니다. 인물이 느끼는 부끄러움, 죄책감, 슬픔, 외로움, 기대감, 희열 같은 여러 감정과 욕구가 씨줄과 날줄처럼 얽혀 서사의 줄기가 됩니다.

때로 저는 사건은 잊어도 인물의 감정과 욕구는 기억합니다. 예를 들어 작가 임솔아의 단편 〈초파리 돌보기〉(《아무것도 아니라고 잘라 말하기》, 문학과지성사, 2021)에는 이런 구절이 나옵니다. "가장 시시한 문장으로 지유는 소설을 끝맺었다. 이원영은 다 나았고, 오래오래 행복하다." 소설을 쓰는 '지유'는 아픈 엄마 '원영'이 낫기를 바라는 마음으로 이런 결말을 쓰고 있습니다. 작가는 이 결말을 "시시한 문장"이라고 표현합니다. 유별나지 않은, 무탈한 삶을 염원하는 지유의 욕구를 빗대어 표현한 것입니다. 누군가에게는 빤하고 시시한 해피엔드이지만 지유에겐 절실한 꿈. 바로 별일 없는 '무난한 삶'입니다. 소설 속에서 작가는 "해피엔드를 써달라는 원영의 부탁에서부터 엉키기 시작했다"라는 말을 전하고 있습니다. 왜냐하면 원영이 말하는 해피엔드가 일종의 거짓처럼 느껴졌기 때문이며, 기적을 행하는 건 자신의 능력 밖의 일 같았기 때문입니다. 그러면서도 작가는 원영의 딸 지유에게 해피엔드를 쓰게 합니다. 인생이라는 파노라마를 일축해놓은 간결미가 돋보이는 장면입니다. 〈초파리 돌보기〉는 군더더기 없이 일축해놓은 한 편의 인생이었습니다. 이 작품은 제13회 젊은작가상(2022) 대상작으로 선정되었습니다.

    물론 소설이 아닌 책을 읽고도 책 속 인물이 기억되는 경우는 많습니다. 작가가 예로 든 인물은 독자들의 기억에 남게 됩니다. 작가가 직접 만난 사람, 간접적으로 접한 인물이 다채롭게 소개됩니다. 하나의 주제를 설명하고 있는 것 또한 사건 이전에 인물일 수 있습니다. 모든 작가들에게 인물은 이야기의 원천이며 이야기 자체입니다. 저는 에세이《나는 오늘도 책 모임에 간다》(북바이북, 2020)를 쓰기 위해 독서 모임에서 만난 사람들을 떠올리며 메모했습니다. 그들의 표정, 목소리, 말투, 행동, 발언까지 되새겼습니다. 어떤 인물은 여러 번 재등장했습니다. 독자들이 헷갈리지 않도록 일관된 특징을 별도 원고에 기록하고 마치 희곡 작가처럼 각 장의 이야기를 새겨넣었습니다.

첫 에세이였기에 욕심껏 '인물'을 담아보려 퇴고를 거듭했습니다. 마음에 쏙 드는 책은 평생 쓸 수 없다고 생각을 고쳐먹은 후에야 수정을 멈출 수 있었습니다. 여러 독서 모임에서 제 책을 토론했다는데, 독자들이 기억하는 인물이 있었는지 궁금합니다. 독서 모임에서 '인물'에 대한 이야기를 꺼내다 보면 각자가 관심 있게 본 부분이 드러납니다. 서로의 '기억 모자이크'가 모여 새로운 책이 만들어지는 과정이 독서 모임입니다.

저는 인상 깊게 본 부분이나 인물을 책에 표시하거나 옮겨 적습니다. 모든 인물을 이야기하다 보면 너무 길어지니 한두 명에게 집중합니다. 그들의 주요 대사나 그들의 심리가 드러나는 장면을 메모해둡니다. 작가의 숨은 뜻을 발견하는 재미가 있으니까요. 성격의 특징을 한두 개 말하는 것도 한 방법입니다. 그로 인해 벌어지는 일들까지 구구절절 말할 필요는 없습니다. 성석제 장편소설 《투명인간》(창비, 2014)에 대해 말할 때 "주인공 만수는 가족을 위해서라면 무엇이든 하려는 맹목적인 태도를 보입니다" 정도만 말해도 요점을 짚었다는 느낌을 줍니다. "만수의 할아버지는 늘 염치를 강조하며 사람은 염치가 있어야 한다고 가르쳤어요." 만수가 영향받은 인물로 할아버지를 짚어보는 것입니다. 인물이 처한 상황을 말해도 재미있는 모임이 됩니다. "저라면 어땠을까 생각해봤어요"라며 살짝 내 생각을 덧붙이다 보면 듣는 사람도 할 말이 떠오릅니다.

인물을 말할 때도 주의할 점은 '간단히 말하기'입니다. 하고 싶은 말이 중구난방 쏟아져 나오다 보면 무엇을 말하려 하는지 알 수 없게 됩니다. 인물을 묘사하는 여러 방식 중 하나에 초점을 맞춰야 합니다. 가령 인물이 처한 위기나 갈등 상황을 말할 때는 이렇게 표현할 수 있습니다. "만수는 공장 폐업으로 인해 수억대의 빚을 지게 되잖아요." 이렇게 말하면 참가자 대부분이 즉각 이해합니다. 소설 속 상황이 머릿속으로 그려지기 때문입니다. 인물에 대해 말할 거리들은 그밖에도 다양합니다.

- 인물의 감정/욕구
- 인물의 성격
- 인물이 처한 상황/갈등

- 인물의 주변 환경
- 인물의 외모
- 인물의 결정, 선택
- 기타

    이 중 '인물의 선택'에 대해 말하면 꽤 능숙한 독서 모임 회원으로 보일 수 있어요. 결국 모든 이야기는 인물의 선택으로 인한 결과물입니다. 그 선택으로 인해 어떤 과정과 시간과 결과를 감당하는지를 독자에게 보여주는 것이야말로 작가의 일입니다.

    이 밖에도 인물의 생김새, 목소리, 말투, 스타일, 습관과 같은 여러 말할 거리들이 있습니다. 내가 하고 싶은 이야기와 연관된 부분이라면 간단히 기억하거나 메모해두었다가 적극적으로 활용해보세요. 거듭할수록 말하는 나도 재미있고 회원들도 "절대 빠지고 싶지 않은 독서 모임"이라고 환호할 것입니다. 중언부언, 횡설수설해도 해보겠다는 한 줌의 용기를 내보는 겁니다.

책 한 권으로 온 세상을 맛보는 '배경 읽기'의 묘미

독서 모임에 나가면서 작은 꿈이 생겼습니다. 책을 쓴 작가나 책 내용과 관련된 배경을 자주 그리고 멋지게 다뤄보겠다는 꿈입니다. 배경에서 정답을 찾으려는 듯이 결과론적으로 접근할 마음은 없고요. 그 배경 위에 쌓인 이야기를 풍성하게 보고 싶기 때문입니다.

저는 가끔 인문학 강의를 하는데요, 책을 이해한다는 것은 내용을 넘어 작가의 세계관에 다가서는 일이라고 말하곤 합니다. 작가의 생각, 질문, 가치관을 떠올리며 내용에 접근해야 한다고 생각하기 때문입니다. 결국 독서란 '작가와 나의 만남'이니 책의 배경을 알수록 더 깊은 만남으로 이어진다고 봅니다.

배경 탐구는 말하기의 큰 버팀돌이 됩니다. 아는 만큼 더 자신 있게 명료하게 말할 수 있으니까요. 전에 작가 어니스트 헤밍웨이의 산문집《파리는 날마다 축제》(이숲, 2012)를 이야기하는 독서 모임에서 일어난 일입니다. 파리를 기막히게 묘사하는 헤밍웨이의 필력에 대한 찬사가 이어지고 있었습니다. 소설에서는 발견하지 못한 묘사가 눈부시다고요.

회원 중 한 분이 책이 쓰인 배경에 대해 말하기 시작했습니다. 헤밍웨이가 파리에 체류했던 시기는 1921년부터 1926년이고, 당시 20대였으니 작가로선 예술의 황금기와도 같지 않았겠냐는 관점이었습니다. 듣고 보니 제가 헤밍웨이였다면 집으로 돌아오고 싶지 않았겠다 싶더군요.

그분은 전 세계 예술가들이 모여 각자의 색채를 그려내던 1920년대 파리에서 헤밍웨이가 흡수한 예술적 자양분이 컸을 거라고 말했습니다. 당시 파리는 제1차 세계대전이 끝나고 '광란의 시대'라고까지 불릴 만큼 역동적인 분위기였다는 말을 듣고 나니 책 속 문장들이 더욱 생생하게 느껴졌습니다. 카페에 앉아 글을 쓰던 헤밍웨이의 눈에 비친 파리의 풍경을 상상해보았습니다. 혼자 읽을 때는 작가의 유명세를 쫓듯 표현에만 심취했던지 놓치고 읽은 부분이 많았죠.

"한 여인이 카페로 들어와 창가에 앉았다. 그녀는 무척 아름다웠다. 빗물에 씻긴 듯 해맑은 피부에 얼굴은 방금 찍어낸 동전처럼 산뜻했고, 단정하게 자른 머리카락이 새까만 까마귀처럼 뺨을 비스듬히 덮고 있었다." 묘사만 감탄하며 밑줄 친 부분인데요. 헤밍웨이의 시선을 사로잡은 그녀의 입장은 생각지도 못했는데, 그 회원이 말하는 배경 이야기를 듣고 그제야 그녀의 입장에 주목했습니다. 분명 책에도 "거리와 카페 입구가 잘 보이는 방향으로 앉아 있는 것으로 보아 누군가를 기다리고 있음이 분명했다"라는 문장이 있었음에도 말입니다. 이어서 이런 생각이 떠올랐습니다. '헤밍웨이의 시선을 빼

앉은 그녀 역시 예술가는 아니었을까. 또는 예술가의 친구였는지도 모르겠다.' 그런 그녀의 분위기가 헤밍웨이의 시선을 빼앗은 건 아니었을까요. 그녀에게 시선을 빼앗겨 연필을 깎고, 럼주를 더 주문하는 헤밍웨이의 작업만 멋져 보였던 제 시선이 조금 달라졌습니다. 유려한 문장만 동경하던 독자에서 당시의 거리를 상상하는 독자가 되었습니다.

책 내용만이 아니라 그와 관련된 배경도 살피고 말하는 습관은 독서 모임에서 자신뿐만 아니라 회원들의 시선도 넓혀줍니다. 전면의 읽기에서 이면의 보기로 가는 징검다리입니다. 언제나 한 권의 책은 시대적 배경 아래에서 만들어집니다. 자칫 그 배경에 집착하면 평면적인 읽기가 되지만, 배경을 발판 삼아 구체적으로 상상한다면 책 속 세계는 한층 풍성해집니다. 더 깊고 새롭기까지 합니다.

소설가 김애란의 단편 〈칼자국〉(《침이 고인다》, 문학과지성사, 2007)은 자전적 경험을 배경으로 쓴 이야기라고 하는데요. 작가의 경험이 어떻게 어떤 방식으로 재현되고 재구성되었는가에 주목하는 경험은 한층 나의 독서 세계를 풍요롭게 만들지 않을까요. "나는 어머니가 해주는 음식과 함께 그 재료에 난 칼자국도 함께 삼켰다. 어두운 내 몸속에는 실로 무수한 칼자국이 새겨져 있다. 그것은 혈관을 타고 다니며 나를 건드린다. 내게 어미가 아픈 것은 그 때문이다. 기관들이 다 아는 것이다. 나는 '가슴이 아프다'는 말을 물리적으로 이해한다." 이처럼 날카롭고도 묵직한 소설 속 묘사가 훌륭하다고만 생각하는 데서 그친다면 작가가 글에 담고자 했던 경험과 세계는 손실되고 말 것입니다. 작가의 몸에 머물렀던 칼자국을 들여다보고 읽으려는 노력도 독자의 몫이라고 저는 생각합니다. 책의 배경은 자주 잊히는 만큼, 자주 떠올려야 할 말하기의 양분입니다.

[책의 배경, 정보를 말하고 싶다면]

1. 주요 배경과 인용을 나름의 방식으로 표시해둔다. 이 표시를 소재로 가까운 이와 대화도 해본다.
2. 주요 배경과 인용을 다섯 줄에서 열 줄로 요약해본다. 요약의 키워드가 무엇이었는지 떠올려본다.
3. 주요 배경과 인용만 키워드로 메모해서 별도의 도형이나 그림으로 기록해둔다.
4. 내가 하고 싶은 말과 관련한 배경이나 인용은 세 가

지 이내로 좁힌다. 활용할 세 가지 재료를 다듬어두는 과정과도 같다.

5. 책의 배경과 정보를 활용해서 말한 작가나 평론가나 기자나 모임 현장을 잘 관찰한다. 내가 저 사람이라면 어떻게 말했을까 그의 입장이 되어 말해본다.

책이 입은 옷,
표지와 디자인 바라보기

"그림책 모임을 하는 날이었습니다. 편한 마음으로 하고 싶은 동네 독서 모임이었는데 당시에는 낯가림이 심해져 있던 상태라 주로 들으면서 참여 중이었습니다. 그래도 그날은 제가 자신 있게 이야기할 수 있는 그림

책 마거릿 와일드의 《여우》 토론이라 기대하고 갔습니다. 불에 탄 숲에서 만난 개와 까치, 여우의 이야기에서 저 자신을 발견하고 한참을 울었습니다. 저는 너그러운 개도 갈팡질팡하는 까치도 아닌 분노와 외로움과 질투의 눈빛을 품은 여우였습니다. 개와 까치를 떼어놓았다는 이유로 비난받는 여우에 공감했다는 제 이야기가 어떻게 들릴지 모르지만, 솔직하게 말하고 싶었습니다. 그런데 표지와 디자인 이야기를 잘하는 회원을 만나니 말문이 막혔습니다. 그런 말하기 방식을 만나니 제 감정만 말하는 습관에서 벗어나고 싶어졌어요."

고전소설을 읽는 모임에서 만난 여원 씨의 이야기였습니다. 말수 적은 여원 씨와의 첫 만남에서 상담 비슷한 대화를 하게 될 줄은 몰랐는데요. 듣고 보니 독서 모임에 자기 생각과 감정을 표현하고 싶어 나왔지만, 결국엔 다양한 시각이 더 궁금해진 사람도 많겠다는 생각이 들었습니다. 나 혼자 읽었으면 절대 알 수 없는 책 감상의 묘미를 만난다고나 할까요.

여원 씨는 책 표지를 말하기 나침반으로 삼고자 했습니다. 강렬한 색채로 여우를 묘사해 처음엔 무서운 느낌마저 받았지만, 점점 애처로워 보이기 시작한 그림책

《여우》의 표지에 관한 생각을 말하고 싶다고 했습니다. 하지만 너무 감정적으로 말하게 될까 봐 걱정이 된다고 해서, 여원 씨에게 도움이 될 표지 감상의 요점 세 가지를 정리해드렸습니다.

하나, 표지의 색감에 대해 말합니다. "짙은 갈색 또는 검붉은색으로 표현된 여우 그림 표지입니다. 어둡다고 볼 수 있지만 불길처럼 타오르는 여우의 간절함을 표현한 색감입니다. 누군가 내 마음을 알아주길 바라지만 다 표현하기 어렵죠. 개와 까치는 서로의 마음을 표현하지만, 여우는 그게 어렵습니다. 그 마음은 더 깊고 강렬해집니다. 표지 색감이 내 마음 또는 가까이 있는 사람의 마음은 아닌지 생각했습니다."

둘, 표지의 주제에 대해 말합니다. "나름대로 표지의 주제를 파악해보자면 이해받고 싶은 감정이 아닐까 싶은데요. 개와 까치처럼 자신의 처지와 감정을 이해받고 싶은 여우를 주인공으로 그리고 있습니다. 작가는 누구나 여우처럼 이해받고 싶은 마음이 있다고 말하는 게 아닐까요. 그 마음이 복잡해지면 심리적으로 아프고 남과의 관계도 어려워지겠죠. 이글이글 불타는 여우의 눈빛이 주제로 읽히는 표지입니다. 책에 따르면 '분노와 질투와 외로움의 냄새'가 난다고 할 수 있겠는데요. 이 세 감정을 이해하는 것이 중요함을 작가는 말하고 있습니다."

셋, 표지의 구성에 대해 말합니다. "여우를 매우 크게 그리고 있다는 점에 주목합니다. 독자들이 공포심을 느낄 수도 있는데 왜 작가는 이렇게 꽉 차게 여우를 그렸을까요. 여백이 많지 않은데요. 저는 그만큼 감정이라는 것이 가까이서 보지 않으면 잘 알아채지 못하는 것, 드러내기 힘든 것이라고 말하는 게 아닐까 합니다. 자칫하면 여우처럼 상대를 벌벌 떨게 만드는 눈빛을 보낼 수도 있게 되니 감정을 잘 살피라고 말하는 것 같아요. 책을 다시 볼수록 여우의 마음을 더 깊이 읽을 수 있었기에 표지 구성이 마음에 들었습니다. 저도 제 감정을 일부러 감추려 애쓴 적이 많았기에 표지에 더 공감이 갔습니다."

세 가지 요점과 그에 따른 소감 예시, 어떠신가요. 표지에 대해 말하고 싶은 분들께 도움이 되었으면 합니다. 이 밖에 표지의 질감, 판형 등 책의 모양이나 만듦새에 대해서도 말할 수 있는 것들은 많습니다. 물론 책 내용에 대해 말해도 좋지만, 그림책 모임이라면 표지나 디자인 등에 대한 감상이 모임을 더 충만하게 해줄 수 있을 것입니다.

'저는'보다
'작가는'이라고 말할 때

작가에 대한 이야기를 하면서 말에 재미까지 보태는 사람을 간혹 봅니다. 그런 말하기를 하는 사람의 태도에서 뭔가 내면에서 흘러나오는 우아함과 자신감을 느끼는 건 저뿐일까요. 작가를 추앙하거나 폄하하지 않고 담담하게 견해를 말하는 모습에서 오랜 시간 책을 읽어온 공력이 느껴집니다. 책의 작가만이 아니라 평소 타인을 저렇게 대하는 분이 아닐까란 상상도 불러일으킵니다. 결국 독서란 작가와의 대화이며, 새로운 세계와의 만남이기에 여러 작가들을 만나온 흔적이 드러나는 사람의 내면은 그만큼 풍성하지 않을까 추측하게 되는 것입니다. 제가 독서 모임에서 자주 듣고 싶은 말 중 하나는 "작가는"이라는 주어입니다. 별것 아닌 기대라고 생각하실지도 모르지만, 의외로 흔히 들리지 않는 주어입니다. 대신 이런 주어들이 빈번하게 나오죠.

- 저라면
- 저 같은 경우는
- 저에겐
- 제 경험으로는
- 제 기억으로는
- 개인적으로는

결국 자기 이야기를 하기 위해 나오는 모임이니 당연한 주어처럼 보이지만 간혹 너무 개인적인 분위기나 소재로 흘러가버릴 때는 난감합니다. 이럴 땐 말한 사람도 수습하려 애쓰지만 뭔가 엎질러진 물을 보듯 모두들 "어쩌면 좋지?" 하는 표정으로 서로를 바라봅니다. 서술어도 "~인 것 같습니다" "~인 게 아닐까" "듯싶어요"로 애매하게 마무리합니다. "작가는"이라는 주어를 쉽사리 쓰지 못하는 이유는 여럿 있겠지만 아마 자신감의 문제가 아닐까 생각합니다. '내가 이 작가에 대해 잘 알지도 못하는데…'라는 '자기 검열'이 작동합니다. 공인의 명성에 누를 끼치거나, 오독할지 모른다는 두려움이 앞서는 거죠.

하지만 의외로 내가 아닌 '작가'를 주어로 두면 더 깔끔하게 말할 수 있다는 것 아시나요. "작가는 이 책에서 부모로부터 어떻게 하면 독립할 수 있는지 명쾌하게 보여줍니다"라고 말하면 서술이 아주 깔끔해지지만 "제 기억으로는 부모로부터 어떻게 하면 독립할 수 있는지 말해주는 책이 아닐까 합니다"라고 하면 어째 알 듯 모를 듯한 서술이 됩니다. 마치 자신의 의견에 책임을 지지 않겠다는 투인데요. 간혹 어떤 독서 모임에서는 "~인 것 같습니다" "아닐까 싶어요" "모르겠어요" "그런 게 아닐까요" "듯싶습니다"라는 말들만 이어져 토론

방향이 잡히지 않습니다. 책에 대한 호평인지, 혹평인지 아니면 어느 쪽도 아닌지조차 보이지 않는 분위기가 되고 맙니다.

공격적인 말투도 분위기를 가라앉히지만, 모호한 말투도 분위기를 내려앉게 합니다. 시간이 꽤 흘렀는데도 뭔가 남는 게 없고 토론 요점이 잡히지 않아서, 이어서 무슨 말을 해야 할지 막연해지니까요. 이럴 때 주어를 자신에서 작가로 바꿔보면 모호하던 것들이 분명해지는 것을 느낄 수 있습니다. 누구나 "작가는"이라는 주어를 쓰고 "작가로선" "작가에게는"이라는 표현을 곁들이다 보면 조금씩은 자신의 말하기 반경을 넓힐 수 있습니다. 너무 어렵게 느껴진다면 우선 작가를 '언급'하는 데서 시작한다고 생각해보세요. 각자가 본 작가의 상이랄까요. 그 느낌을 자유롭게 나누다 보면 자연스레 대화의 중심이 사담이 아닌 '작가'로 모아집니다.

주어의 쓰임이 바뀌면 부분이 아닌 전체의 구조가 조금씩 보입니다. 보고 싶은 부분만 남기던 감상과 달라집니다. 영화 감상이라면 '감독은' '감독이' 라는 표현을 사용해봅니다. 이렇게 표현하는 것은 그 감독의 전작을 봤거나, 감독 비평에 능숙해서가 아닙니다. 내 관점에서 창작자의 관점으로 이동하기 위해서입니다. 그러면 아름다운 장면, 감동을 주는 대사만이 아닌 카메라의 위치나 촬영 상황까지 생각하게 됩니다. '저렇게 좁은 방을 찍을 땐 카메라를 어디에 두고 어떻게 촬영했을까. 감독은 왜 저런 화면을 굳이 담으려고 했을까.' 이런 것들을 고민하게 됩니다. 밑줄만 옮겨 적던 제가 작가의 세계관이나 질문을 고민하게 된 것은 독서 모임의 질문인 논제를 만들고 서평을 쓰면서였습니다. 결국 그것은 혼잣말 투의 소감문을 깨고 나가는 공부였습니다. 안에서 밖으로, 부분에서 전체로. 저만의 알을 깨고 나가는 여행이었습니다.

저는 독후감보다 서평을 선호합니다. "나는"이라는 주어를 쓰면 "지루했다" "감동적이었다"라고 쓰지만 "작가는"이라는 주어를 쓰면 "말한다" "전한다"라고 쓰게 됩니다. 독후감의 세계에선 보고 싶은 나무만 봐도 되지만, 서평의 세계로 가려면 그 나무를 둘러싼 울창한 숲까지 볼 수 있어야 합니다. 작가를 중심에 두지 않으면 쓰기 어려운 글이 서평입니다. 서평이라도 써야 제 좁은 시야가 트이고 숲이 보이기에 저는 서평 쓰기를 좋아합니다.

다음 독서 모임부터 "작가는"이라는 주어를 써보시기 바랍니다. 나무만이 아닌 숲을 보기 위한 말하기 습관입니다. 작가를 내가 범접할 수 없는 어떤 위대한 존재가 아니라 "글쓰기광"이라고 생각하면 어떨까요. 사회학자 지그문트 바우만이 《이것은 일기가 아니다》(자음과모음, 2013, 절판)라는 에세이에서 자신을 "글쓰기광"이라고 말한 것과 마찬가지로, 일정량의 글을 쓰지 않으면 도저히 살아갈 수 없는 사람들 말입니다. 작가는 글쓰기를 할 수밖에 없게끔 태어나거나 스스로를 글 쓰는 존재로 만든 사람들입니다. 글 쓰는 일이 고통스럽더라도, 그 자리를 선택한 이들입니다. 독서 모임에서 "작가는"이라는 주어를 자주 쓰며 작가들의 세계에 더 가까워졌으면 좋겠습니다.

작가에 대해 말하는 법은 그리 어렵지 않습니다. 주어를 바꾸고, 작가의 입장이 되어 말하면 됩니다. 그 말은 작가의 말이지만, 결국 나의 말이기도 합니다. 내가 읽었고 발견했기에 할 수 있는 말입니다. 작가가 한 말을 그대로 따라 해도 좋습니다. 작가의 말, 서문, 에필로그, 작가 인터뷰, 심지어 본문의 한 구절도 모두 "작가의 말"인 것입니다. 책 한 권을 읽는다는 것은 어쩌면

"잊어버리는 일의 연속"입니다. 읽고도 놓치는 게 다반사입니다. 그러니 누군가 작가의 말을 짚어주면 그 모임이 더욱 소중해집니다. 내가 무엇을 놓쳤는지 알게 되니까요. 책을 더 자세히 들여다보고 싶어집니다.

덧붙이자면 작가를 말한다는 것은, 작가의 입장이 되어보는 가장 적극적인 여행입니다. 독자와 작가의 거리를 좁히는 지름길 언어입니다. 북토크나 출간 기념회 같은 작가와 만나는 행사에 가지 않아도 그 현장을 재현해볼 수 있습니다. 그러니 독서 모임에서 "작가는"이라는 주어를 적극적으로 써보세요. 독서 모임의 품격이 달라집니다.

출판사가 보인다면
이제는 베테랑 독서가

출판사라는 세계를 들여다보면 한 권의 책을 만들기 위해 각자의 자리에서 분투하는 사람들이 보입니다. 저마다의 마감과 싸우고 있는 것처럼 보일 때도 있습니다. 영화가 종합예술이라 불리듯 출판 또한 여러 전문 분야의 총합인 종합예술입니다. 한 책을 이해한다는 것은 결국 그 책을 만든 출판사에 대한 이해까지 확장되는 과정입니다. 독서 모임에서 출판사에 대한 이야기를 나누다 보면, 관련 분야의 다른 책이 따라옵니다. 스치듯 지나쳤던 출판사의 개성과 특징이 보여 관심이 깊어집니다. 슬슬 독서 모임 숙련자가 되어간다면, 출판사들의 특성을 나름대로 정리해보는 것도 독서 지평을 넓혀줄 것입니다. 이런 양식으로요.

[독서 모임 숙련자의 출판사 정보 양식]

출판사 구분	출판사명	대표작 목록	특징
대형 출판사			
중소형 출판사			
1인 출판사			

조금만 찾아보면 출판사의 규모나 연혁을 정리해볼 수 있습니다. 또한 자신이 관심을 갖고 있는 분야의 출판사를 세부 목록화할 수도 있습니다. 아는 만큼 보인다는 말도 있지만, 공부한 만큼 보인다는 말도 상기해볼까요. 모든 앎은 공부의 흔적입니다.

예) 창작론/글쓰기/독서 관련 출판사

출판사명	대표작	특징
엑스북스	《책 쓰자면 맞춤법》외	작법서가 다양
유유	《내 문장이 그렇게 이상한가요?》외	공부법에 대한 책이 많음
북바이북	《서평 글쓰기 특강》외	책에 대한 책 그 자체인 목록
메멘토	《글쓰기의 최전선》외	인문적 아이디어

출판사를 출간 경향과 도서 콘셉트를 기준으로 정리해본 예시입니다. 자신의 관심 분야의 책을 내는 출판사에 대해 알아두면 이모저모로 독서 생활, 독서 모임 생활에 도움이 됩니다. 특정 분야의 책들을 출간한 출판사들을 분류해서 기억해보면 독서 모임에서 할 말이 늘어납니다. 내 작은 의견으로 인해 다른 사람들도 출판사에 관심을 갖게 됩니다.

독서 모임의 말은 생각보다 어렵지 않습니다. 결국은 '나-작가-출판사-독자' 네 가지 길을 맴도는 안전하고, 반복적인 말하기입니다. 꾸준히 독서 모임에 참여하며 위의 네 가지 길 중 자신이 말의 소재로 삼지 못했던 이야기를 꺼내보세요. 서서히 확장되는 말할 거리의 범위를 보는 재미도 있습니다.

[출판사의 경향성을 정리해보기]
불광출판사 : 불교 관련 책 중심, 심리 에세이
엑스북스(xbooks) : 작법, 작가 탐구 관련 책
이후 : 수전 손택 외, 인문서
북스피어 : 일본 소설 및 일본 에세이
모요사 : 미술, 여행, 인문 에세이
달 : 에세이 중심

출판사의 개성이나 활동에 관심을 갖고 지켜보면 책을 더 큰 관점, 넓은 시야로 보는 감각을 기를 수 있습니다. 자연스레 편집자 또는 북 디자이너, 출판사 대표에 대해서도 알게 되고 요즘에는 많은 편집자들이 작가로 나서기 때문에 한층 더 많은 정보를 알 수 있는 계기가 될 것입니다. 제가 추천하고 싶은 한 권의 책이 있는데요. 바로 출판사 글항아리의 편집자인 이은혜 씨가 쓴 에세이《읽는 직업》(마음산책, 2020)입니다. 그녀는 편집자로서 수많은 책을 만들어왔는데요. 그 과정 안에서 저자, 독자, 편집자라는 트라이앵글을 중심에 놓고 이야기를 쭉 풀어나가고 있습니다. 이 책은 직업으로서의 편집자와 출판의 생태계를 설명하며 결국 출판이란 무엇인가를 말해줍니다.

언제나 책 추천은 즐겁지만, 이렇게 '책에 대한 책'을 추천하는 기회가 오면 훨씬 더 신이 납니다.

독서 모임 진행자의
말 사전

독서 모임의 진행자는 어떤 말들을 할까요. 모임의 주제는 이미 진행 대본인 '논제'에 써 있으니, 진행자는 주로 듣는 역할로 보이기도 하죠. "네네" "그렇군요" 정도로 충분하게 느껴지는 역할입니다. 마치 "아리야!"라고 호출하면 기다렸다는 듯 "네"로 답하는 인공지능처럼 말입니다. 그러나 속사정은 '매우' 달라요. 평온한 미소를 짓고 있는 진행자의 속내는 거친 파도처럼 '철썩'댑니다. 예상대로 흘러가지 않는 토론 앞에서 속도 태웁니다. 자신의 준비가 부족해서, 실력이 안돼서, 논제가 엉망이어서 토론이 잘 안된다며 발도 구릅니다. 그럴 때 진행자를 붙잡아주는 말들이 있어야 합니다. 아래에 정리된 진행자의 말 사전을 활용하면 크고 작은 위기를 극복할 수 있습니다. '산'으로 가는 대화를 다시 '책'으로 끌어당길 수 있죠. 자기장처럼, 모임을 책으로 돌려놓는 진행자의 말들을 상황별로 준비했습니다.

[도입]

- 정답은 없으니까요, 다양한 생각 나눠주세요.
- 어떤 의견이든 편안히 말씀해주세요.
- 틀린 생각이 아닌 다른 생각을 나누는 자리니까요. 적극적으로 참여해주세요.
- 반대나 반론이나 반박이라는 표현은 쓰지 않을게요. 다른 생각이라고 말씀해주세요.
- 책을 끝까지 못 봤어도, 읽은 부분까지 말씀해주세요.

- 책은 못 읽었지만 생각을 보태고 싶은 분, 있을까요.

[전개]
- 의견 잘 들었습니다.
- 생각을 보태주셨네요.
- 그렇게 볼 수도 있겠네요.
- 이런 부분을 짚어주셨네요.
- 다른 생각을 보태주셨네요.

[상승]
- '저자의 이런 생각을 저는 이렇게 봤어요' 이런 생각, 들려주세요.
- '이 부분은 공감이 안되고 와닿질 않아'라는 분, 있을까요.
- '이 부분은 왠지 불편해. 다른 분들의 생각을 듣고 싶어'라는 분, 있나요.
- '이 부분은 나만 이해를 못 했나. 다른 분들의 생각을 듣고 싶어'라는 분, 있을까요.

[확장]
- 간단히 덧붙여주셔도 좋아요.
- 짧게 보태실 분 있을까요.
- 다양한 의견 주셔서 감사합니다.

[선택 논제 진행]
'주인공의 입장이라면 그럴 수 있어요.' '공감한다'라면 손바닥, '글쎄요, 왜 그랬을까요.' '공감하기 어렵다'라면 손등을 보여주세요.
49대 51처럼 더 가까운 쪽을 선택해주세요. 다른 쪽을 부정하는 건 아니니까요.
'선택하기 힘들어요, 중간이에요'라면 손날을 보여주세요.
자, 하나 둘 셋, 들어주세요.

[의견이 엇갈리거나 혼란스러울 때]
- 잠시만요. 잠깐만요.
- (듣고서) 다 그렇진 않겠지만, 그럴 수도 있다는 말씀이겠죠.
- (비슷한 말들이 오가면) 혹시 다른 의견 있을까요.

- (침묵이 흐르면) '아무 말 대잔치'도 좋아요. 정리 안 된 말이면 어떤가요. 편안하게 참여해주세요.
- (말이 길어지면) 네, 네, 그렇군요. 잘 들었습니다.
- (책에서 벗어나면) 네, 잘 들었습니다. 다시 책으로 돌아와서 이야기 나눌까요(토론해볼까요).
- (집중) 한 분만 더 의견 들어볼까요.

[마무리]
- 다양한 생각 잘 들었습니다.
- 다양한 생각 주셔서 감사합니다.
- 다양한 생각 덕분에 토론이 풍성해졌네요.
- 집에 가서도 생각날 못다 한 말이 있다면, 지금 해주세요.
- 떠오르는 누군가의 한마디, 또는 토론 참여 소감 나누면서 마칠까요.

에필로그

당신이 독서 모임 진행자라면
_멋진 모임을 만드는 진행자의 일상들

제가 독서 모임 진행자가 된 지 어느새 18년도 더 되었네요. 이 정도면 진행계에서는 '고인 물'이니 은퇴식이라도 해야 하지 않나 싶은데요. 그런데도 계속 독서 모임을 진행하고 싶은 저는 진행 중독자가 된 모양입니다.

진행자의 말하기는 참가자의 말하기와는 다른 면이 있습니다. 말하기보다는 듣기이고, 의견보다는 정리이며, 서술보다는 요약이라고 할 수 있습니다. 저의 전작《나는 오늘도 책 모임에 간다》와 공저작《질문하는 독서의 힘》에도 언급했지만, 이 책을 마무리하며 독서 모임을 진행하는 법에만 초점을 두고 설명드릴까 합니다. 나름 베테랑 진행자의 영업 비밀이라고 할 수 있는데요. 독서 모임을 시작하려 하거나 이런저런 이유로 고전하는 분께 모쪼록 도움이 되기를 바라는 마음으로 여섯 가지 방법을 정리해봤습니다.

하나. 한번 발언할 때 2분 내외로 말하기를 미리 약속합니다.

둘. 책을 다 읽지 못했어도, 의견을 자유롭게 말해달라고 안내합니다.

셋. 토론의 절반은 듣기이므로, 잘 듣고 서로의 의견을 존중해달라고 부탁합니다.

넷. 진행자는 의견을 내거나, 토론자의 생각에 보태지 않는다는 점을 반드시 미리 안내합니다. 책을 어떻게 읽었는지 전혀 말하지 않는다고 말입니다. 책에 관한 의견을 내는 사람은 진행자가 아니라 참가자임을 밝힙니다. 만약 진행자의 생각이 궁금한 분은 토론이 끝난 후 물어봐달라는 안내도 합니다.

다섯. 진행자는 자신이 만든 논제를 활용할 수 있습니다. 토론이 책 밖으로 흘러가지 않도록 잡아주는 주춧돌 같은 질문들입니다. 잡담으로 흐르지 않도록 논제를 준비하면 좋습니다.

여섯. 만약 말이 길어지거나, 책과 관련성이 적은 말로 흘러가면 진행자가 "네네"라고 말할 수 있음을 미리 안내합니다.

이 여섯 가지는 최소한의 독서 모임 원칙이자 규칙입니다. 이 정도만 사전에 안내하면 바로 모임을 시작해도 안전하고 원활하게 모임을 끌고 갈 수 있습니다. 누군가 말을 독점하지도, 한쪽으로 기울어지지도, 잡담으로 흘러가지도 않습니다. 그렇다고 진행자가 지시하거나 명령하게 되지도 않으니 걱정 마세요. 진행자는 진행하고 조율하는 역만 합니다.

이때 또 이런 걱정이 들 수 있어요. '사람들이 말을 하면 어떻게 요약 정리를 해야 할까? 내가 잘 정리할 수 있을까?' 이때는 다음 네 가지만 주의하면 됩니다.

1. 누군가의 발언을 내 방식대로 정리하지 않는다. 상대가 한 말의 핵심만 짚는다.
2. 모든 말을 요약 정리하지 않는다. "잘 들었습니다. 그렇게 볼 수도 있네요" 정도로 마무리.
3. "다른 의견 있으신가요. 보탤 의견 있으실까요"라는 말을 종종 꺼낸다.
4. "한두 분 정도 더 들어볼까요"라는 표현도 매우 효과적이다.

진행자는 토론을 도와주는 도우미의 자리에 앉습니다. 토론에 묻어가고 물들어야지 튀거나 주도해서는 안 됩니다. 토론자들이 진행자의 눈치를 보거나 영향을 받아 할 말도 꺼내지 못하고 돌아가서는 절대 안 되죠. 때론 책을 많이 읽어서, 나이가 많아서, 오래 참여해서, 박식해서, 경험이 많아서와 같은 여러 이유로 한 사람이 진행을 독점하거나 말을 많이 하는 경우가 있는데 최악의 독서 모임이라 할 수 있어요. 진행자는 권위를 내세워선 안 되고 토론자들이 자유롭게 발언하는 장을 마련해주는 파수꾼이 되어야 합니다.

　때론, 진행을 맡았지만 말을 하고 싶어집니다. 어쨌든 독서 모임에서는 토론을 하고 싶다는 사람이 있습니다. 그럴 땐 진행자가 아닌 토론자로 다른 모임에 나가면 됩니다. 실컷 말을 하고 나면 다시 진행자로서 잘 듣게 되고, 들으면서도 해소되는 기분을 느낄 수 있으니까요. 진행자는 적게 말하고, 정확히 짚어 조율해주는 조율사라 할 수 있습니다. 진행자의 권위가 토론을 방해하거나 지배하진 않는지 늘 의심하고 깨어 있어야 합니다. 한동안, 몇 년간 제가 진행한 독서 모임을 녹음해서 들어본 적이 있어요. 서툰 나 자신을 용서할 수 있는 여유가 생겼을 때, 천천히 산책하며 들었습니다. 나도 모르게 다른 사람의 말을 자르거나 주장을 강요하듯 말했다는 사실을 알고 가슴을 쳤습니다. "내 진행 어땠어? 나 토론 어땠어?"라고 누군가에게 묻기보다는 녹음해서 들어보세요. 진행자에게 이보다 더 또렷한 거울은 없습니다. 녹음하고 듣고, 느끼다 보면 나아집니다. 더 잘 듣는 사람이 됩니다.

　때론, 공중파 방송 진행자의 말하기를 관찰해보세요. 진행을 잘한다고 생각되는 진행자를 집중적으로 보고 그가 어떻게 조율하고 진행하는지 관찰하면 많은 것을 배울 수 있습니다. 해외 진행자의 방송도 참고하세요. 북토크 사회, 강연도 공부가 됩니다. 메모하며 시청하는 경험도 큰 도움이 되죠. '100분 토론'을 처음부터 끝까지 유심히 관찰했더니 아무 생각 없이 봤던 방송과 완전히 다른 방송처럼 다가왔어요. 진행자의 역할이란 편을 드는 것이 아니라, 의견이 확장되도록 도와주는 중심축이라는 사실을 확인했습니다. 과한 발언, 지나친 발언, 무례한 발언의 수위를 조율하는 일도 진행자의 일이었습니다. 사전 원칙을 지키도록 알리고, 토론의 본질에 집중시키는 일도 진행자의 몫이었죠. 진행자는 타고나는 것이 아니며, 단련되는 자리입니다.

저는 잘 듣고, 자세히 듣고, 정확히 듣는 진행자의 일을 매우 좋아합니다. 혼자 읽을 때는 전혀 알 수 없었던 책의 진가를 확인하게 된답니다. 모임 한가운데에 앉아 집중하며 듣는 진행자이기에 흘려보내는 말이 없습니다. 메모하며 열심히 듣기에 선명하게 남습니다.

오래오래 독서 모임을 하고 싶어서, 운동하고 식단 관리도 합니다. 아프거나 지치거나 가라앉으면 모임에

갈 수 없기에, 건강주의자로 살고 있습니다. 제게 체력은 독서 모임의 발판이고 에너지예요. 책을 읽고 쓰고, 독서 모임을 하려면 운동화부터 신어야 한다는 것을 깨달았습니다. 모임에서 실망하거나 상처받거나, 자책하지 않기 위해 해야 할 일은 운동이었어요. 몸이 흔들리면 정신도 마음도 쑥대밭이 된다는 것을, 그 상태론 독서 모임을 해나갈 수 없다는 사실을 알게 된 거죠.

독서 모임을 오래 하려고, 독서 모임 친구들이 보고 싶어서 저는 오늘도 달리기를 합니다.

독서 모임 하기 좋은 책 50권

부록

독서 토론 하기 좋은 책의 요건이라면 두 가지가 있다. 하나, 모임에 못 가더라도 만족할 책이다. 이 모임이 아니었으면 놓쳤을 '보물' 같은 책이라는 기쁨을 느낄 만큼 좋은 책이어야 독서 모임을 계속하게 된다. 둘, 독서 토론에서 더 확장되는 책이다. 깊이도, 넓이도 무한 확장되는 책이라면 대환영이다. 혼자 읽어도 좋지만, 함께 읽으면 책의 가치가 급속도로 커지는 책. 토론할 논제가 끝없이 나오는, 즉 '질문'이 무수히 나오는 책. 독자에게 적극적으로 말을 거는 책이어야 한다. 그런 책들을 고심해서 골라보았다. 50권으로 추리느라 힘들었지만, 독서 모임에 소개하는 한편, 나의 독서 모임에 활용할 책 목록이 정리된 것 같아 신난다.

독서 모임의 왕좌 (11권)
많은 독서 모임에서 오래도록 읽히는 책

서머싯 몸 《달과 6펜스》(민음사, 2000)
: '이 책으로 인생이 달라진 것 같다' '이렇게 불편한 책은 처음이다' 같은 격론(?)을 일으키는 고전문학 토론의 스타와 같은 작품이다. 화가 '폴 고갱'의 삶에서 영감을

얽어 쓴 소설로, 서머싯 몸이 보여주는 인생과 예술, 선택에 관한 이야기는 다양한 의견을 불러온다. 토론 논제가 무수히 쌓이는 작품이다.

버트런드 러셀 《행복의 정복》(사회평론, 2005)
: 읽기 어렵다는 '버트런드 러셀'에 도전해보자. 시대를 넘나드는 '행복'이라는 주제와 관심사를 고전은 어떻게 접근하고 있는지 토론할 수 있다. 다양한 연령대가 둘러앉아 토론하기 좋은 질문들이 가득하다.

니콜라이 고골 《외투》(문학동네, 2011)
: 러시아 작가 고골의 뛰어난 상상력이 돋보이는 중편으로, 청소년 이상 누구나 함께 읽고 토론하기 좋다. 분량이 길지 않기에, 다시 읽기에도 좋다. 작품이 말하는 '외투'를 지금의 관점에서 바라보고 토론한다면 더욱 깊이 있는 독서 모임이 될 것이다.

레프 니콜라예비치 톨스토이 《이반 일리치의 죽음》(창비, 2012)
: 톨스토이 읽기가 부담스럽다면, 고전 읽기는 처음이라면 이 책으로 시작하자. 장대한 고전문학의 버거움에

첫 장을 넘기지 못한 독자라도 이 책으로 영감을 얻을 수 있을 것이다. 한 관료가 직면한 질병, 관계, 죽음의 이야기에 무수한 토론거리가 실려 있다.

마거릿 와일드 《여우》(파랑새, 2012)
: 이런 주제는 아이들에겐 읽히기 어렵다는 편견을 힘차게 부수는 그림책으로, 토론 논제가 끝없이 나오는 매력적인 이야기이다. 독자 내면의 고정관념을 힘차게 흔들어, 직면하기 싫은 삶의 단면과 마주하게 한다. 유아부터 성인까지 다양하게 토론할 수 있다.

레오 리오니 《프레드릭》(시공주니어, 2013)
: 그림책 토론에서 '명예의 전당'에 올려둘 만한 책이다. 유아부터 성인까지, 연령층에 따라 다양한 질문으로 토론할 수 있는 그림책으로 선택, 가족, 공존, 노동, 차이, 존중, 예술 등 이야기가 폭넓은 주제로 확장된다.

존 윌리엄스 《스토너》(알에이치코리아, 2015)
: 독서 토론의 스테디셀러라고 할 수 있을 정도로 독서 모임을 하는 사람이라면 한두 번은 토론했을 작품이다.

작가 사후에 알려져 명성을 얻은 소설로, 읽기 시작하면 자연스럽게 주인공 '스토너'를 따라가는 여정에 동참하게 된다. 누구나 한 번쯤 스토너였다는 말에 얼마나 공감하는지, 스토너는 진짜 영웅이었다는 존 윌리엄스의 말에는 또 얼마나 공감하는지 이야기해보자.

보후밀 흐라발《너무 시끄러운 고독》(문학동네, 2016)
: '체코의 국민 작가'라 불리는 보후밀 흐라발의 작품으로, 작가 스스로 필생의 역작이라고 소개하기도 했다. 폐지 압축공의 이야기로, 깊이 있는 주제를 130페이지라는 짧은 분량에 담아낸 작가의 필력에 반하게 되는 작품이다. 성공적인 독서 모임의 보증수표와 같은 책.

편혜영《홀》(문학과지성사, 2016)
: 아직도 편혜영 읽기를 시작하지 못했다면《홀》이 첫 단추로 좋다. 중편 분량에 스릴러의 묘미를 한껏 담아낸 수작이다. 가독성이 돋보이는 독서 모임의 출석률을 높이는 소설이다. 읽고 나면 편혜영 소설 필사를 시작하고 싶어질지도 모른다.

김지혜 《가족각본》(창비, 2023)

: 작가의 전작 《선량한 차별주의자》(창비, 2019)에 이어 '가족각본'이라는 개념으로 새로운 질문을 던지며 토론을 이끄는 흥미로운 책이다. 사회학 연구자인 저자가 제시하는 다양한 사례를 중심에 두고 토론해도 좋고, 저자의 견해를 어떻게 볼 것인지에 관해 이야기하면 토론이 다채롭게 확장될 것이다.

김유태 《나쁜 책》(글항아리, 2024)

: 저자를 따라 나서는 금서 기행이다. 여러 금서의 역사와 전후 배경을 흥미진진하게 풀어놓은 필력도 돋보이지만, 각 이야기가 담고 있는 토론거리도 눈길을 끈다. 독서 모임의 필독서로 매우 좋은 교양 에세이다.

끝없는 대화 (15권)

토론할수록 나눌 이야기가 무궁무진해지는 책

다자이 오사무 《인간실격》(민음사, 2004)

: 소설 속 '요조'라는 세계에 얼마나 공감하는지가 이 책 읽기의 관건이다. 독서 모임에선 그 공감의 정도를 섬세

하게 나눌 수 있어 듣는 즐거움이 더 커질 것이다. 다자이 오사무의 많은 작품으로 이동할 수 있는 첫 계단이다.

무라카미 하루키 《색채가 없는 다자키 쓰쿠루와 그가 순례를 떠난 해》(민음사, 2013)
: 하루키를 좋아하는 독자라면 독서 모임을 해봐야 할 작품이다. 혼자 느낀 감정을 다른 이와 나누는 기쁨이 배가될 것이다. 하루키 소설 읽기가 처음인 독자에게도 권한다.

베른하르트 슐링크 《책 읽어주는 남자》(시공사, 2013)
: 영화 〈더 리더: 책 읽어주는 남자〉(2009)의 원작 소설이다. 이야기가 분명하고 속도감 있게 전개된다. 실제 역사와 소설 속 상황을 함께 되짚어보는 독서 모임이 된다. 특히, 작가가 던지는 윤리적 질문을 어떻게 볼 것인가에서 토론은 절정에 도달할 것이다.

트루먼 커포티 《인 콜드 블러드》(시공사, 2013)
: 방대한 분량의 소설이지만 한번 시작하면 쉽게 놓을 수 없는 흡인력 있는 작품이다. 작가의 생애를 그린 영

화 〈커포티〉(2005)를 같이 보면 더욱 몰입할 수 있다. 작가가 취재한 범죄 실화를 바탕으로 하는 소설로 전개될수록 독자는 미궁에 빠지게 되고, 어떤 선택을 해야 할지 몰라 서성이게 된다. 토론 논제가 산더미처럼 쏟아지는 작품이다.

성석제 《투명인간》(창비, 2014)
: 철 지난 한국 사회의 초상처럼 보일 수도 있지만, 가족이라는 불변의 글감을 입체적으로 그린 작품으로 평할 수도 있는 장편소설이다. 이야기꾼의 면모를 유감없이 드러내는 성석제표 입담이 독자를 단숨에 소설 속으로 이끈다.

한강 《소년이 온다》(창비, 2014)
: 노벨 문학상 수상 작가 한강의 장편소설로, 함께 읽기의 자리에서 그 가치가 더욱 빛나는 작품이다. 5.18의 소리가 귓가에 생생히 들리는 체험을 했다는 어느 독자의 소감처럼, 누구나 소설 속으로 고통스럽게 들어가게 된다. 혼자 읽기보단 함께 읽으며 한강이라는 작가의 무게를 나눠보자.

권여선 《안녕 주정뱅이》 (창비, 2016)

: 동명의 영화로도 제작된 단편 〈봄밤〉이라는 수작으로 시작하는 작품집으로, 이 책은 가히 '문학의 진격'이라고 할 만하다. 각 작품을 매주 한 편씩 읽는 온라인/오프라인 모임을 해보면 좋다. 각 작품이 길어 올린 질문을 깊이 있게 토론하다 보면, 권여선 '덕질'을 시작하지 않을 수 없다. 문학을 좋아하는 모임이라면 후회하지 않을 선택이다. 영화 〈봄밤〉도 꼭 함께 보고 토론하자.

임레 케르테스 《운명》 (민음사, 2016)

: 혼자 읽기는 버거울 수 있어도, 함께 읽으며 작품의 무게를 나누면 소화하기 좋은 작품이다. 노벨 문학상 수상 작가 임레 케르테스는 '아우슈비츠 이후의 문학'을 펼쳐 보이며 독자에게 다가선다. 케르테스의 '운명 4부작'의 대표작으로 13년간의 집필 기간을 거친 대작이다. 문학 독서 모임에 강력히 추천한다.

김승섭 《아픔이 길이 되려면》 (동아시아, 2017)

: 김승섭의 다른 책을 읽기 전에 시작하는 책으로 좋다. 보건학자 김승섭은 '정의로운 건강을 찾아 질병의 사회

적 책임을 묻다'라는 부제처럼, 다양한 예와 견해로 사회적 책임을 묻는다. 독서 모임의 가운데에 놓인다면, 다양한 물음표가 풍성하게 떠오를 것이다.

김금희《경애의 마음》(창비, 2018)
: 김금희 소설의 저력을 보여주는 장편소설이다. 나이나 취향을 많이 타지 않는 소설로 작품이 던지는 여러 질문과 풍경 앞에 멈춰 서게 되는 책이다. 토론하기 좋은 한국 장편소설을 찾고 있다면 추천한다.

이혜민 외《요즘 것들의 사생활: 결혼생활탐구》(900KM, 2018)
: 출간 5년 차인 책이지만, 지금도 신선한 느낌을 주는 다양한 사례와 이야기를 다루는 책이다. 각자의 방식대로 결혼의 방식을 결정한 이들의 이야기. 각자의 시각에서 책이 던지는 담론을 이야기하다 보면, 시야를 넓히는 토론에 이를 수 있다.

홍세화《결: 거칢에 대하여》(한겨레출판, 2020)
: 홍세화 전작 읽기로 갈 수 있는 함께 읽기 책이다. 홍세화 글쓰기의 특징인 명료함과 설득력이 돋보이는 사

회 비평 에세이다. 때론 묵직하게, 때론 날카롭게 던지는 저자의 질문을 놓고 토론해보자.

클라우디아 피녜이로 《엘레나는 알고 있다》(비채, 2023)
: 동명의 영화가 넷플릭스에서 상영 중이다. 담담하게 시작하다 놀랍게 진전되고 마무리되는, 거대한 질문이 있는 책이다. 근 수년간 나온 소설 중 가장 탁월하다 평해도 아깝지 않을 작품이다. 엘레나는 무엇을 알고 있었을까? 엘레나는 과연 알고 있었나? 엘레나와 딸 리타를 둘러싼 사회·종교·정치를 섬세하게 찢어내는 가운데 놀라운 문학의 굉음이 터진다. 문학 독서 모임의 필독서로 권한다.

린롄언 《숲속 나무가 쓰러졌어요》(섬드레, 2024)
: 대만 작가 린롄언의 그림책으로 가족이나 독서 모임이 둘러앉아 읽고 토론하면 좋을 물음표를 보여준다. 작가가 던지는 질문에 어떻게 답할 것인가 토론하다 보면, 생각지도 못한 세계에 도착하게 된다.

아카세가와 겐페이 《노인력》(안그라픽스, 2024)

: 사고력, 지구력도 아닌 '노인력'이 웬 말일까? 저자가 풀어내는 노인력의 비밀(?)을 알게 되면 절로 헛웃음이 나오거나 해방감이 느껴질 것이다. 우리가 두려워하고, 집착했던 노화에 관한 고정관념을 뒤엎는 에세이로 모임에서 다양한 생각을 재미있게 나눌 수 있다.

독서 모임의 중독(9권)
전작 모임까지 하게 되는 중독성 있는 책

프란츠 카프카 《변신》(문학동네, 2005)

: 카프카 소설이 어렵다면 《변신》으로 시작하자. 이 문학동네 판본은 일러스트를 곁들인 책으로, 작품 속 상황을 그림으로 생생히 보여준다. 일러스트에 대한 호불호를 나누는 것도 흥미로운 독서 모임이다. 소설이 보여주는 미묘한 상황, 모순과 부조리에 관한 섬세한 토론을 기대할 수 있다.

서경식 《고뇌의 원근법》(돌베개, 2009)

: 인문학자 서경식이 쓴 예술 기행, 예술 에세이다. 미술

작품을 다룬 에세이에서 흔히 다루지 않은 독일 표현주의 화가들의 작품과 이야기를 만날 수 있다. 탁월한 에세이스트인 저자의 필치를 따라가는 서양 근대미술 기행으로, 예술, 미술, 인문학에 관심 있는 독서 모임에 추천한다.

나쓰메 소세키 《마음》(현암사, 2016)
: 소설 《나는 고양이로소이다》로 알려진 나쓰메 소세키의 작품으로 이 책부터 나쓰메 소세키 읽기를 시작해도 좋다. 주인공과 주변 인물들의 이야기는 오래된 고전처럼 읽히기는커녕, 바로 어제 겪은 상황과 맞물릴 정도로 생생하다. "나라면 어땠을까? 선생님은 왜 그랬을까?" 질문하다 보면 토론이 끝도 없이 길어진다.

올리버 색스 《온 더 무브》(알마, 2017)
: 《아내를 모자로 착각한 남자》를 쓴 올리버 색스의 자서전으로, 자서전 입문자에게 적당하다. 자서전은 지루할 것이라는 고정관념을 깨주는 영화 같은 인생 이야기.

룰루 밀러 《물고기는 존재하지 않는다》(곰출판, 2021)

: 저널리스트 특유의 스토리텔링이 돋보이는 과학 교양 에세이. 토론 참가자들이 자신의 이야기를 편안하게 풀어갈 수 있는 책이다.

하성란 《푸른수염의 첫 번째 아내》(창비, 2021)
: 한국 사회 곳곳의 단면을 '도려내듯' 보여준 명단편들의 향연이다. 대중들에게 그리 알려지지 않았으나, 국내외 평단과 문학 애독자들에게 오래도록 읽혀온 하성란 소설의 집대성과 같은 소설집이다. 모임에서 작품을 하나씩 낭독해도 좋다. 각 단편에 오래 머무르며 느리게 토론해보자.

허먼 멜빌 《필경사 바틀비》(문학동네, 2021)
: 소설 《모비 딕》으로 알려진 허먼 멜빌의 탁월한 이야기다. 문학은 물론 철학, 고전까지 폭넓게 영향을 미친 '바틀비적 현상'의 원점을 보여주는 작품이다. 독자 중 그 누구도 바틀비라는 인물과 그가 처한 상황을 완전히 빗겨나갈 수 없기에, 현재에도 활발히 토론할 수 있는 책이다.

제롬 데이비드 샐린저 《호밀밭의 파수꾼》(민음사, 2023)

: 다큐멘터리 〈샐린저〉와 함께 보기를 권하는 작품이다. 워낙 유명해서 오히려 흥미를 느끼지 못하거나, 전에 읽었는데 별로였다고 생각하는 독자에게 다시 추천한다. 다큐멘터리와 함께 보면 작품의 행간이 다시 보인다. 두 번 이상, 각각 다른 독서 모임에서 토론하길 권한다. 누구와 어떤 질문으로 토론하는가에 따라 다르게 보이는 작품이다.

무카이 가즈미 《다정한 나의 30년 친구, 독서회》(정은문고, 2025)

: 무려 35년간 지속된 어느 독서 모임에 관한 에세이다. 저자는 번역가, 학교 사서로 일하며 독서회 활동을 하게 된다. 35년 동안 180여 권의 고전문학을 읽어온 독서회로, 매년 초가 되면 작년에 죽은 회원들을 위한 묵념까지 하는 모임이다. 독서 모임을 오래 하고 싶은 독자라면 읽고 토론해보자.

혼자 읽기는 힘들어서 (9권)

혼자는 손이 안 가고, 완독이 어려운 책

에드워드 사이드, 다니엘 바렌보임 《평행과 역설》(마티, 2011)
: '에드워드 사이드 전작 읽기'나 '바렌보임의 음악 듣기'로 확장할 수 있는 책이다. 두 사람의 대담을 읽다 보면 음악은 물론 인류 전체를 향해 관심사가 확장되는, 깊이 있는 독서 경험을 얻을 수 있다.

헨리 데이비드 소로 《월든》(은행나무, 2011)
: 누구나 제목은 들어봤지만 읽은 이는 별로 없다는 《월든》. 특히 2부 격인 저자의 숲 관찰은 장대한 묘사와 설명으로 요즘 독자들의 인내심을 요구하지만, 호령하듯 던지는 강한 어조와 주장은 토론을 불러온다. 혼자 읽으면 다소 지루할 수 있으나, 함께 읽기의 현장에서 빛을 발하는 고전이다.

마르셀 라이히라니츠키 《나의 인생》(문학동네, 2014)
: 문학과 음악을 향한 열정으로 평론가가 된 저자의 파란만장한 인생 대서사. 분량이 방대해 각 장으로 나누

어 함께 읽거나 토론해도 좋다. 문학과 문학 비평에 관심 많은 모임에선 별 만점을 기대해도 좋을 '독서 모임의 왕좌'와 같은 자전 에세이.

정희진 《정희진처럼 읽기》(교양인, 2014)
: 평소 사회·정치 분야의 책과 사이가 멀다면, 이 책으로 사이를 좁혀보자. '정희진처럼 읽으라'고 하는 책이 아니라, '정희진처럼 읽을 수도 있음'을 보여주는 흥미로운 독후감이자 느낌표 같은 책이다. 이 책을 읽고 나면 모임이 '소개하는 책 읽기' 모임으로 발전할 수 있을 것이다.

파스칼 메르시어 《삶의 격》(은행나무, 2014)
: 문학과 비문학을 오가는 뛰어난 작가 파스칼 메르시어의 교양론과 같은 책이다. 소설 《리스본행 야간열차》를 재미있게 본 독자라면 작가의 이 책 읽기를 시작해보자. 삶의 격이라는 포괄적인 주제를 풀어가는 필력이 돋보인다.

이진경 《사랑할 만한 삶이란 어떤 삶인가》(엑스북스, 2020)
: 《철학과 굴뚝 청소부》의 작가 이진경이 던지는 '니체로 읽는 니체'다. 철학 읽기가 어려웠던 독자라면 이 책으로 니체 읽기를 시작해도 좋다. 정답 없는 폭넓은 토론에 이르게 하는 이진경의 질문은 "토론이 왜 필요한가?"라는 근본적인 질문에 대한 답까지 보여준다.

다이허우잉 《사람아 아, 사람아!》(다섯수레, 2021)
: 중국 문화대혁명 시기의 이야기에 관심 있는 독자에게 추천한다. 신영복 번역의 간결한 문체가 실어 나르는 존엄의 무게가 선명한 걸작이다. 여러 인물의 입을 빌어 옮겨 다니는 질문 중 무엇 하나도 쉽게 지나칠 수 없다. 깊이 있는 문학 작품을 읽고 싶은 모임에 추천한다.

한승태 《어떤 동사의 멸종》(시대의창, 2024)
: 저자가 직접 노동하며 겪은 경험을 기록한 책으로 생생함이 넘치며 독자의 말문을 열어준다. 책이 보여주는 직업들의 실태를 따라가며, 노동과 인간에 관한 토론을 나눌 수 있다. 오늘날의 노동에 대한 피부에 와닿는 토론을 경험할 수 있을 것이다.

존 스튜어트 밀 《자유론》(책세상, 2025)

: 이 판본은 방대한 원전이 아닌 요점 정리 격의 《자유론》이므로 요즘 독자들도 읽을 수 있다. 특히 독서 모임을 하는 독자라면 토론이 왜 필요한지, 다른 의견을 어떻게 존중해야 하는지 생각해볼 수 있는 책이다.

감동과 여운(6권)
독서 모임의 감동과 여운이 오래가는 책

오르한 파묵 《이스탄불》(민음사, 2008)

: 노벨 문학상 수상 작가 오르한 파묵의 성장담이자 이스탄불이라는 도시를 새롭게 보는 현미경 같은 글이다. 한 작가의 기억을 따라 떠나는 이스탄불 여행이기도 하다. 작가 고유의 감각과 감수성이 돋보이는 에세이로, 오르한 파묵 전작 읽기의 첫 책으로 좋다.

위화 《사람의 목소리는 빛보다 멀리 간다》(문학동네, 2012)

: 소설 《허삼관 매혈기》로 알려진 중국 작가 위화의 명저. 작가가 뽑은 열 개의 키워드로 중국을 들여다본다. 또한 작가가 되기까지 겪은 우여곡절도 흥미진진하게

서술되어 있다. 에세이, 자서전, 교양서 어떤 분야에 두어도 돋보일 뛰어난 작품이다.

노인경 《곰씨의 의자》(문학동네, 2016)
: 쉽게 읽히지만, 깊이 있게 토론할 수 있는 그림책이다. 빠르게 책장을 넘기다 보면 각자가 토론하고 싶은 이야깃거리를 만나게 된다. 쉽게 묻고, 다양하게 들을 수 있는 그림책이다.

이진순 《당신이 반짝이던 순간》(문학동네, 2018)
: '인터뷰집으로 독서 모임이 될까?' 이런 의문을 가진 독자라면 도전해볼 가독성 좋은 인터뷰 릴레이다. 사회 곳곳에 따스한 관심을 보이는 저자의 질문과 듣기를 중심으로 다양한 토론거리를 꺼내볼 수 있다.

M. B. 고프스타인 《할머니의 저녁 식사》(창비, 2021)
: 단순한 일러스트에 담긴 삶의 쉼표와 마침표를 함께 읽으면 좋을 책이다. 그림책 속 할머니의 하루를 따라가다 보면 자연스레 우리 삶의 쉼표와 마침표도 찍게 된다. 여유와 쉼을 나누고 싶은 독서 모임에게 추천하는

그림책이다.

하오밍이《찬란한 불편》(섬드레, 2025)

: 화교로 태어난 저자가 한국어로 쓴 첫 에세이다. 일생 목발에 의지해 살아오며 보게 된 삶의 풍경, 책의 힘으로 건너온 인생이라는 파노라마가 한눈에 펼쳐진다. 저자에게 왜 불편함이 '찬란'이라 불리는지 풍성하게 토론해보자.

읽고 생각하고 말하는 나의 첫 번째 연습실
내 삶을 위한 독서 모임

초판 1쇄 발행 2025년 11월 3일

지은이 김민영

펴낸이 김정희
편집 박혜정
디자인 강경신디자인

펴낸곳 노르웨이숲
출판신고 2021년 9월 3일 제 2022-000108호
주소 서울시 마포구 신촌로2길 19, 302호
이메일 norway12345@naver.com

블로그 blog.naver.com/norway12345
인스타그램 @norw.egian_book

ISBN 979-11-93865-21-7 (03800)

- 이 책은 저작권법에 따라 보호받는 저작물이므로 무단 전재와 무단 복제를 금지하며, 이 책의 전부 혹은 일부를 이용하려면 반드시 저작권자와 노르웨이숲의 서면 동의를 받아야 합니다.
- 책값은 뒤표지에 있습니다. 잘못된 책은 서점에서 바꾸어 드립니다.